教育
发现
为 教 师 立 言

教育发现

成为更好的老师

王维审/著

山东文艺出版社

图书在版编目（CIP）数据

成为更好的老师 / 王维审著. —济南：山东文艺出版社，2020.8
ISBN 978-7-5329-6156-6

Ⅰ.①成… Ⅱ.①王… Ⅲ.①教育研究 Ⅳ.①G40-03

中国版本图书馆 CIP 数据核字（2020）第 097360 号

成为更好的老师

王维审　著

主管单位	山东出版传媒股份有限公司
出版发行	山东文艺出版社
社　　址	山东省济南市英雄山路 189 号
邮　　编	250002
网　　址	www.sdwypress.com
读者服务	0531-82098776（总编室）
	0531-82098775（市场营销部）
电子邮箱	sdwy@sdpress.com.cn
印　　刷	肥城源盛印刷有限公司
开　　本	710 毫米×1000 毫米　1/16
字　　数	240 千
印　　张	16.5
版　　次	2020 年 8 月第 1 版
	2025 年 2 月第 2 版
印　　次	2025 年 2 月第 6 次印刷
书　　号	ISBN 978-7-5329-6156-6
定　　价	55.00 元

版权专有，侵权必究。如有图书质量问题，请与出版社联系调换。

总 序
写作是困境里的光

如果回忆一下我的写作经历,大概在每一个节点上都与困境有关。

01

当我从村里的小学、村里的初中走出来,顶着满脑袋玉米穗花考进城里最好的高中时,除了新鲜、激动和情不自禁的感慨,剩下的就是紧张、胆怯和莫名的焦虑。那时候,乡村教育与城市教育相差很大,特别是英语这门学科,师资水平可以说是天壤之别:城里的初中有专业的英语老师,乡镇的初中则是招聘一些高考落榜生做英语老师,村里的初中根本就找不到懂英语的老师。比如,我们的英语老师就是一位教数学的民办老师转岗而来。他原本是一位复员军人,在部队上学过一些俄语,本着"英语、俄语都是外语"的原则,他就由数学老师变身为英语老师。他上午到镇上的初中听课学习,下午"现炒现卖"地教给我们,于是就有了那个时代农村学校普遍存在的"哑巴英语"——考试成绩还行,口语交际能力很不行。

以至于，在高中的第一节英语课上，我就因讲着一口蹩脚的英语而被全班同学嘲笑。从那以后，我就开始陷入农村孩子特有的自卑之中。这种自卑感就像病毒，一直蔓延到所有的课堂乃至整个高中生活。直到有一天，周五下午的作文课上，语文老师声情并茂地朗读了我的一篇作文，并给予了极高的评价。那洪亮而悠扬的声音，瞬间在我的心间散漫开来，就像寒冬里投过来的光，温暖又明亮。从那以后，我的作文经常被老师表扬，而写作带来的自信，也就成为我对抗自卑的坚强后盾。再后来，经常发表文章的我，甚至有了一种"东方不亮西方亮"、狭隘的自豪感。虽然这份自豪感未必是纯粹的正能量，也没有提供有助于生命改观的机会，但在彼时，它却显得尤为重要。

很多时候，我都会这样去想：如果没有文字的光亮，我会不会被那份自卑彻底淹没？如果没有写作的支撑，我能不能熬过那段难挨的时光？

02

读过我的书的人都知道，我走上教育写作的道路源于对一个问题学生的无奈：那是一个全校闻名的问题学生，以打架斗殴、挑衅老师权威为家常便饭。在我接手他们班级的第一天，他便直接向我发难，并叫嚷着"你不是我的对手"。在打也不能打、管也管不了、躲也躲不开的困境中，我写了一篇文章《我不是你的"对手"》，在班里公开"发表"，收到了意想不到的效果——那个学生接受了我的示弱，并慢慢成了我的教育合伙人。从此，我走上了教育写作的道路，通过记录班级生活、反思班级管理来提升自己的管理能力。其实，有写作经历的老师并不少，但是能够坚持下来的并不多，大多数老师往往是激情高昂地拿起了笔，但几周、几个月后便放弃了写作。毕竟，写作是一件清苦寂寞的事情，是一种努力一生也未必会有掌声的孤独之旅，如果没有强大的意志力作为支撑，一般人很难守住这份清苦。我之所以能够将写作坚持下来，并且坚持如此之久，其实也与人生的另一种困境相关。

做过老师的人都知道，教育是一件很难进行精确量化的工作，付出的多与少、质量的高与低并没有绝对的公平，再加上人为因素的干扰或介入，总会有人在评价中"吃亏"，甚至可能出现明显的"不公平"。也就是说，教育评价很难做到绝对的实事求是，不准确、不公平会长期存在，且不可避免。我们总是可以看到有些人付出的并不多，收获的却不少；也总是可以看到有的人做得足够好，得到的却寥寥无几。这其实是教育中的一种无奈，有些时候，"人情世故"往往大于"能力成绩"。

我是一个不善交际的人，在工作之余喜欢独处，极其讨厌各种无聊的应酬。其实，我并不是不懂人情世故，有时候我很清楚地知道此时应该示好，彼时应该示弱，但骨子里容不得自己流于世俗。也就是我经常说的：我知道，但我不喜欢。虽然我在工作中兢兢业业，成绩很突出，但在荣誉获得上总是被边缘化，特别是在较高层次荣誉的评比中，总会因各种人为设置的条条框框所淘汰。明明按照规定应该是我的荣誉，却又眼睁睁地看着到了别人手中，这是我在一线工作时的常态，如何确保在这种境遇里依然保持斗志？如何不被这种境遇所击破和打败？这是必须思考的问题。因为稍微一放松坚守，就有可能将自己推向躺平、放弃甚至摆烂，并且还会心安理得地接受这份自暴自弃——我足够努力，是生活对不起我。

在这样的境遇中，教师就需要具备营造"别处风景"的能力，在人生的缺憾上找到一种自我鼓励的方式。那时候，我的做法是沉浸于写作之中，一方面将自己的精力投入不断地思考与表达中，从而不自觉地漠视俗世里的竞争和抢夺；另一方面用自己在写作领域的成果抵消评价中的失败，利用阿Q式的精神胜利法慰藉自己——我发表了那么多文章，你呢？

03

在教学一线工作十八年后，我莫名其妙地被调入区教研室工作，一起调入的还有七位老师。这七位同事的工作职责很明确，就是担任各个学科的教研员，具体负责某一学科的教学研究工作。而我的工作很不清晰，因为我在学校是负责德育工作的，自己的研究领域也是德育，基本上跟教学教研不搭界。在调入教研室之后的前四年里，我基本处于到处"打零工"的状态，每天应付各种临时性工作。不仅"职"无定"责"，而且"工"无定所——我没有真正的办公场所，只能在他人科室的空闲办公桌上办公。万般努力之下，我终于争取到一间原设计为厕所，但一直作为杂物间使用的小屋，面积大约四平方米多一点，正好可以容下一张学生课桌、一把椅子。收拾一番后，我便拥有了自己的第一间办公室，虽然狭小且有一半被破旧报刊占据，但毕竟有了属于自己的独立空间。

在这个狭小的空间里，安静下来的我开始思索接下来该怎么办，应该如何突破目前的困境——没有自己的课堂，没有自己的班级，也不可能再去写坚持多年的教育叙事，我的路在哪里？思忖良久，我觉得写作依然是自己必须坚持的事情，也是走出当下境遇的重要方式。于是，我集中精力做了三件事情：一是开始撰写以思考为主的教育随笔，并将写作方向定位在教师成长上，并成功开启了教育随笔的专栏写作之路；二是开始对在一线时撰写的教育叙事进行梳理，顺利出版了"教师成长四书",也就是"觉者为师"系列的前期作品;三是开始对一线工作时的优秀教育实践进行总结凝练,借助写作形成自己的教育理念——叙事教育。这三件事情都是以专业写作作为工具,以持续的坚持和努力作为动力,以抵御现实的困境为精神追求——当职业生涯中遭遇不堪时,教育写作可以缔造理想的大厦。

那段时间的沉默,让我对教师成长有了深刻的思考。以至于几年后,当我开始从事教师培训工作时,似乎有一种厚积薄发的感觉,我知道要去做什么,也知道应该怎么做。那段时间的"冷板凳",让我在五年内完成了三项省规划课题的研究,不仅凝练出了自己的教育理念,也让我在教育科研领域有了自己的见解,所以在接手教育科研工作后,我并没有感觉到丝毫跨界工作的艰难和陌生,很快就在这个领域拥有了自己的话语权。人在职场,难免会遇到被雪藏、被忽视、被遗忘的困境,只要心中有所坚守,始终相信,那些用文字播下的光,终会照亮未来的路。

04

回看自己的整个职业生涯,就像是一个用密密匝匝的纠结交织成的困境:从临时代课教师到校办工厂工人,历史专业毕业却教了十八年的数学……我觉得自己始终存在于一个又一个错位的境遇之中,是对写作的坚守让我走到了今天,并留下了足以蔚藉过往艰辛的文字。

2016年,《寻找不一样的教育》出版,这是我在山东文艺出版社出版的第一本书。自此以后,《做一个不再困惑的老师》《推开教育的另一扇窗》《做有故事的教育》《成为更好的老师》《做一个会成长的老师》等相继出版,相信以后还会有更多的作品面市……感谢山东文艺出版社给予我的帮助,这对于我来说既是一种真诚的信任,也是一份沉甸甸的勉励。

  这个套系中的每一本书，每一篇文章，都是在某一个静谧的夜里，在一个个百思不得其解的豁然开朗之后，留下的思考和彼时的感悟。从这个意义上来说，写作就是一次次突破困境的心灵之旅：写一篇文章，突破的是小的纠结、即时的麻烦以及突发的困惑；写一本书，突破的是一段经历的颠沛、思想冲突的化解以及某个领域上的获得；写一生的文字，突破的是命运的尴尬、生活的困境以及对未来的重构……所以我说，写作是困境里的光，投射给我们的不仅是温暖，更是力量和远方。

  前些天，责任编辑联系我，说打算把我在山东文艺出版社出版的这几本书做成一个系列，系统地归拢一下近几年的作品，并让我写一篇总序。于是，便有了上面的文字，也便有了这套文集。感谢所有的困境，让我留下了这么多美好的文字，让我的生命不断被照耀；感谢山东文艺出版社，让这些星星般微弱的光，长成了星空的样子，让更多的人被温柔以待。

王维审

2024 年 11 月 26 日

自 序

扫码听书

将这本书的名字定为《成为更好的老师》,意在聊聊如何成为老师,如何成为更好的老师。

01

以何为师?

我还在学校工作时,曾去城里的一所初中参加教研活动,听了一位骨干教师的数学课。那节课的主要内容是二次函数图像教学,当讲到抛物线的对称性时,一直笑容满面的老师突然勃然大怒,冲到一个学生面前厉声呵斥。原来,这个学生在老师讲课时不认真听讲,在座位上把橡皮扔来扔去,还与其他同学窃窃私语。也许是那位老师意识到有其他老师在听课,在这种展示性的课堂上不应该像平时那样随意发火。于是,老师压住怒火警告那个学生,要求他遵守课堂纪律。于是,便有了下面一段对话:

"老师，我不是故意破坏纪律，只是觉得抛物线不一定是对称的，所以便想抛一下橡皮试试，你看！"说完，学生又抛了一次。

"你那是扔，不是抛。"

"我要是垂直往上抛，那岂不是一条直线吗？又怎么会有弧线呢？"

"你怎么那么多事，你就记住二次函数的图像是抛物线就行了！"

"老师，我还有一个问题，抛物线怎么会开口向上呢？是人倒过来抛吗？"

"好了，你别净琢磨这些没用的问题，书上怎么说，咱就怎么记……"

学生还想再说什么，老师狠狠地瞪了他一眼，大声说："别再说了！"学生撇了撇嘴，一脸不服气地瞅向窗外。那节课剩下的时间，那个学生就一直那样看着窗外。

师者，传道、授业、解惑也。这是古人对教师职业最精炼的界定，大致体现了那个时代教师职业的岗位标准。传道，通常是指传授圣贤之道，而圣贤之道就是那个时候的道德标准，所以这个"传道"相当于现在的德育；授业，自然是指传授文化知识，属于现在的智育范畴；解惑，这里的"惑"既包括道之惑，也包括业之惑，可谓对德育和智育的深度教学，旨在解开学生学习过程中的困顿和迷惑，可以归结为教育的艺术。照此理解，千年之前的古人，就已经知道教育不光传授学业知识，也不能单纯地生硬灌输。

显然，那位老师并不明白这个千年古训。学生在课堂上抛橡皮是为了验证一下抛物线到底是什么样子，无论怎么说都是一种追求真理的探究行为，不仅不应该批判和压制，而且需要我们认真去呵护和鼓励。即使他们的问题刁钻而又古怪，我们无法在短暂的课堂上给他们一个科学的解答，至少我们可以拿起那块橡皮，学着学生的样子也去抛一抛，试一试。试过后也许连自己也会感到惊奇："咦，这还真是个值得探讨的问题呢！咱们课下一起来做个研究好不好？"

呈以真心，示以真知，授以真爱。如果我们有一颗真挚、坦诚而坦荡的师者之心，如果我们的教学是为了让学生获得真知，那我们又怎会只在乎课堂是否好看，是否能够完成预设的教学任务，是否能够保住师道尊严呢？真心、真知、真爱，也许是现代社会对教师的底线要求。

02

如何为师？

教人者需先教己，这是教师职业的特点。"传道"需要教师具有良好的思想道德修养，"授业"又需要教师有精深的专业知识，"解惑"则强调"传道授业"的艺术手段。随着社会的发展，教师职业的复杂性、科学性越来越明显，走向专业化已经成为教师职业发展的必由之路。

如果把历史向前翻翻，我国的教师职业大致经历了"能者为师""学者为师"和资格认定三个阶段。最初的时候，谁有能力谁就可以坐而论道，谁有本事谁就可以为师，"三人行必有我师"讲的大概就是这个道理。后来，为人师就需要有一定的学问，私塾的教书先生大概就是因为读过书才会有人去聘请。再后来出现的师范教育，则把学问以学历的形式物化出来。1995年，我国开始实行教师资格证制度，从政策方面启动了教师专业化发展。从此，学历与学问都不再是做教师的敲门砖，取而代之的是资格认证。一个人需要在获得一定学历和学问之后，再接受教师行业的专业认定才有资格做教师。

那么，教师准入门槛趋向专业，是不是就推动了教师职业的专业化呢？这二十多年的实践证明，资格证制度并没有给教师职业带来多少本质上的改观，教师职业的专业化程度依然等同于"能者为师"。只不过，这种能力不再仅是个人自带的天然智慧，还得是经过社会化培养与鉴定的专门能力。但教师作为育人者，只有学识与技术肯定是不够的，还需要自身的投入与融入。所以，我把自2016年以来出版的作品定义为"觉者为师"系列，旨在强调教师专业发展的非行政化推动方式——教师的自觉、自愿成长。

在"觉者为师"的意识之下，教师应该从以下几个方面多做一些努力：

做有力量的实践者。教师职业是以实践为主的职业，但这种实践又与工厂车间流水线上的操作截然不同。学生在变、知识在变、问题在变，思维更是时时刻刻都在变，面对一个动态的实践对象和环境，教师需要一种强大的力量来引导、推动甚至改变这些变化。而获得这份力量的前提是，教师要有自我改变、主动适应的能力和意识。那种连续多年用同一份备课本上课，那种以不变应万变的知识讲述，那种千篇一律的训斥和阻断，在不断弱化教育者能力的同时，也不可避免地削弱了教育的力量。坚持自我改进、主动适应、积极融入，做一个有能力行走、有智慧行动、有力量成功的实践者，才有可能让教育真正发生。

做有深度的思考者。教师成长面临的最大问题，并不是知识的不足,也不是学历的不达标。有的老师把教育活动当成了推磨,只用四肢不用脑子。时间久了就不想再去动脑筋,更不会主动去动脑子,这才是成长的最大障碍。这里的思考,相当大的一部分内容是反思,比如对失误或不足的主动回顾、细致反观,对问题或困惑的自觉"反刍"、深入探究,等等。当然,它还包括对经验或成功的系统梳理,对实践的深刻自知。而思考的形式,可以是坐下来想一想过去,也可以是静下来问一问自己。而我更倾向于那种基于文字的思考——以阅读拓展思考的宽度,以写作提高思考的深度。有文字相伴,教师才有可能真正成为思考者,也才有可能走得更远、更持久。

做有情怀的研究者。皮亚杰曾经有过这样一次发问:为什么这样庞大的一支教师队伍,如此专心致志地在全世界工作着,而且一般说来,都是具有胜任能力的,但工作一生却成不了杰出的教育工作者,不能使教育变成一门既是科学的又是生动的学问?就像皮亚杰所问,教育是一件很枯燥、很难有获得感的工作,大多数人在走过一段时间之后往往会沦为平庸。如何才能改变这个现状呢?苏霍姆林斯基的一段话很精准地回答了这个问题。他说:如果你想让教师的劳动能够给教师带来乐趣,使天天上课不至于变成一种单调乏味的义务,那你就应当引导每一位教师走上从事教育科研这条幸福的道路。是的,科研的魅力就在于它能够让人沉浸于一件事情中不能自拔,忘却烦恼、功利和庸俗,专心致志地为兴趣和理想而努力。无论做什么,走得越持久,可以依靠的就越不会是激情、利益和收获,而是这份由研究而来的情怀。

03

其实,成为更好的老师是一个漫长的修行过程。不会因为考取了教师资格证,你就成了好老师;也不会因为已经站在了教师岗位上,你就成了好老师。一个人寻得了一份教师工作,只是教师职业的开始,要成为真正的教师,需要一辈子的努力和坚持。

  这本书所收录的文章,差不多都是我近几年来对教育、对教师的思考。我想通过这本书、这些文字,为那些已经站在讲台上,那些正行走在"成为更好的老师"的路上,那些已经觉醒的你们和我们,坚定前行的信心。

2020 年 3 月 10 日

目录

■ **第一辑　选择一种更加静默的挣脱**

别把短板放在人生的紧要处　　　　　　　　/ 3
总会有人做出较为艰难的选择　　　　　　　/ 9
打碎自己才有可能成长　　　　　　　　　　/ 13
不要让自己的行走局限于当下　　　　　　　/ 17
是什么让成长离理想越来越远　　　　　　　/ 23
别被浅层次的努力耽搁　　　　　　　　　　/ 29
学会与自己死磕到底　　　　　　　　　　　/ 35
试着与课堂有一次自然的连接　　　　　　　/ 39

■ **第二辑　相信人生的另外一种守恒**

情怀是一种无须隐忍的前行　　　　　　　　/ 45
你曾经把一件事坚持过多久　　　　　　　　/ 49
对情怀总有着隐约的崇高感　　　　　　　　/ 53
那些咬着牙坚持下来的努力　　　　　　　　/ 57
努力也是有品质的　　　　　　　　　　　　/ 61
只有理想不会死　　　　　　　　　　　　　/ 65
总是落在生活的后面　　　　　　　　　　　/ 71
我为什么要选择逆向而行　　　　　　　　　/ 75
成功不过是一种感受而已　　　　　　　　　/ 83

第三辑　要对某种东西倾注深情

给自己一个不大不小的梦想　　　　　　　　/ 89
我们怎么忍心空手走过　　　　　　　　　　/ 93
教师精神的敞亮与打开　　　　　　　　　　/ 97
需要每一位老师做出痛苦的改变　　　　　　/ 101
课堂应该有自己的样子　　　　　　　　　　/ 105
每一段平静而安详的努力　　　　　　　　　/ 109
教师需要进行自我怀疑　　　　　　　　　　/ 113
感谢那些炼狱般的努力　　　　　　　　　　/ 116
努力挤到一个很上进的圈子里　　　　　　　/ 119
在闲散的时光里播下成长的种子　　　　　　/ 123

第四辑　活成自己希望的那个样子

别怠慢了自己的精神生活　　　　　　　　　/ 129
只因为那一次遇见　　　　　　　　　　　　/ 132
自知是一种很重要的品质　　　　　　　　　/ 137
为自己守住一块净土　　　　　　　　　　　/ 141
在人生的紧要处照亮自己　　　　　　　　　/ 145
教师成长的三项自我修炼　　　　　　　　　/ 148
别被自己的狭隘局限　　　　　　　　　　　/ 156
抵抗悠闲，远比克服逼仄更为艰难　　　　　/ 161
不主动降低对职业的尊重　　　　　　　　　/ 165

■ **第五辑　在文字中遇见更好的自己**

　　从写作者走向成功者　　　　　　　　　/ 171
　　温和而坚定地走向专业　　　　　　　　/ 175
　　把每一天都活成作品　　　　　　　　　/ 179
　　从大师的文字中发现教育　　　　　　　/ 182
　　我们需要的"每天四问"　　　　　　　/ 188
　　让教育拥有更高位的理想　　　　　　　/ 192

■ **第六辑　最重要的是守住常识**

　　管理好自己的情绪　　　　　　　　　　/ 199
　　有一颗干净、自由与充满爱意的心　　　/ 202
　　永远保持必要的善意　　　　　　　　　/ 205
　　努力成为学生的"贵人"　　　　　　　/ 209
　　不可以太过于"现实"　　　　　　　　/ 212
　　别误会了"优秀"　　　　　　　　　　/ 215
　　要有启动第二次呼吸的能力　　　　　　/ 218
　　以写作建设好自己的教育人生　　　　　/ 222
　　警惕那些看似积极的"假性努力"　　　/ 226
　　一线教师如何走向真正的研究　　　　　/ 232
　　普通教师成长的一般性路线　　　　　　/ 235

■ **后　记**　　　　　　　　　　　　　　　　/ 238
■ **读者说：在文字中遇见更好的自己**　　　　/ 240

第一辑

选择一种更加静默的挣脱

　　当一个人陷入困境或面临麻烦时,正确的做法不是回避,也不是怨天尤人,而是坦然接受问题的存在。只有这样,才可以静下心来审视自己的处境,并积极寻找解决、突破困境的方法。

别把短板放在人生的紧要处

扫码听书

细想起来,生活中一些细小的事情,足以说明很多人生的大道理。我之所以把这些小事写下来,其实是想告诉那些和我一样贴着地面生活的人:成长需要靠自己的努力。

01

我刚参加工作的时候,一个农村教师要想调到城里学校工作,最快的办法就是托人找关系。如果没有关系,即使付出很大的努力,调动的机会仍很渺茫。

在梳理了所有亲戚关系后,我发现自己竟然是家族庞大关系网中最鲜亮的,是唯一拿财政工资的人。虽然只是一个农村教师,但比起其他在田地里捞饭吃的亲戚们来,我也算得上是出类拔萃了。这也就意味着,在我所有的人际关系中,我完全没有可以依赖的人,只能自己做自己的"靠山"。明白了这些,我就彻底放弃了进城的打算。既然无人可依,那就好好经营自己的当下。

有时候，事情的转机会在突然间出现。大概在我工作八九年后，依靠"关系"进城的局面被打破。至少，在调动形式上变成了考试，就是所谓的"农村教师进城调动考试"。考试的内容则是"教什么考什么"，假如你教初中数学，那就考初中数学试题。这无疑是一个令人振奋的消息：此时的我已经连续带了多年初三毕业班，对初中数学知识了如指掌，如果参加考试，成绩肯定差不了。

更幸运的是，由于是第一年实行这个政策，上级领导对推荐政策要求得很严格，学校领导不敢乱来，只能根据文件精神按照教学成绩高低推荐。就这样，教学成绩最高的我，没走半个后门，没找任何关系，就拿到了调动申请表。只要填好表格，按时参加调动考试，成绩突出的话，我很快就会成为城里学校的老师。

填好表后，我开始复习迎考。有一次，同事们在办公室里聊天，其中一位讲到了早些年调到城里的另一位同事，并绘声绘色地描绘了这位同事到城里后的购房经历：不仅他们父母各拿出了一部分钱资助，还借遍了兄弟姊妹和亲戚朋友……说者无心，听者心里已经开始犯嘀咕。是啊！一个农村人要想去城里生活，最困难的应该就是买房子了。那么高的房价，钱从哪里来呢？想想辛苦劳作了半辈子的父母，再想想那些无法依靠的亲戚朋友，从不愿意求人办事的我感到了前所未有的痛苦和压力。最终，我放弃了那次进城招考。在不需要关系就能进城的时候，我却因为对贫穷的担忧而放弃了已经得到的机会。

现在流行一句话：贫穷限制了你的想象力。对于没有真正经历过贫穷的人来说，这话或许更像是对他人的揶揄。但是，对于正深陷其中的人来说，贫穷不仅可以限制一个人的想象力，也可以束缚住即将迈出去的双脚。

02

后来，通过考试进城的同事越来越多。在与他们交流后我才发现，其实进城后的生活并没有那么艰难，至少那些艰难都是可以克服的。没有钱买房子，完全可以先租房住，然后慢慢去贷款购房；初到新单位可能会有短暂的不适，但用不了多久谁都可以混成"老人"……想想也是，哪有无法解决的问题呢？

又过了几年，我决定再次参加进城招考。申请、领表、准备考试，一切都顺顺当当。因为又多了好几年带毕业班的经历，初中的那些数学知识早已烂熟于胸。带着极度的自信，我心情愉悦地走进考场，那一刻，我感觉整个世界清净无比。但是，当我接过试卷开始做题时，心情却一下子暗了下来。试卷上的考题除极个别题目可以顺利解答外，绝大多数题目我竟然无法读懂。听监考老师解释才知道，从这次考试开始，教师进城考试不再是"教什么考什么"，而是与新教师招考使用同一张试卷。也就是说，我们这些已经工作多年的"老教师"，要与刚刚毕业的本科生和研究生做一样的试题。

这就很好理解为什么我看不懂试题了。我学的是历史教育专业，一直教的是初中数学，报考的自然是数学教师岗位。倘若按照以前的考试办法，只需要考初中数学知识，我肯定是游刃有余。而这一次，使用的是新教师招考试卷，其中的大部分题目是大学数学知识，对我这个文科生来说，那些怪异的数学符号看上去无比陌生。看看周围那些正在奋笔疾书的同行，有个想法一点点在我心里弥漫：我是文科生，没学过这些内容，肯定考不过那些科班出身的人。越想越没有信心，将与初中数学有关的那部分试题匆匆解答后，我便提前交卷出考场，仓皇而逃。

考试成绩公布时，我才发现，那次考试的成绩密密麻麻地集中在三四十分。而我，仅以一分之差没有进入当时报考的那所学校。后来，我们凑在一起聊那次考试，才知道那些数学专业毕业的人，在初中执教多年后，大学时学过的数学知识早已忘得一干二净。他们其实与我一样，也看不懂那些奇怪的数学符号。不同的是，他们相信，自己不会，别人肯定也不会，所以坚持到了考试结束。很多人就是在这个过程中，胡乱编上了答案，而这些答案碰巧与正确答案一致，如此靠运气多得了几分而已。

有个朋友说，你要是给那些空着的选择题编上答案，兴许就能多得几分，也就能进入自己心仪的学校了。现在想想，这话一点不错。那时，就是因为高估了别人的强大，才让自己的内心瞬间崩溃，从而轻易选择了退出和放弃。

03

后来，我被调剂到了一所城郊学校，在那里继续教数学。

不到半年的时间，我就被学校推荐参加区里的数学讲课比赛。对于讲课比赛，我有一种天然的排斥。原因有很多，其中最重要的有两点：一是我的板书极差，字写得很不漂亮；二是按照职称晋升规定，中学教师任教学科必须与所学专业一致或大体一致，而我学的是历史教的是数学，属于跨大文大理，讲课比赛获奖证书对于我根本就没有用。

我极力推托，希望领导能够把讲课的机会留给别人。但是，我所在的这所学校是九年一贯制学校，小学老师多，初中老师少，为数不多的几个初中数学老师都已经轮过好几遍，显然我这个"新人"是最合适的人选。万般无奈，我开始准备课赛。

其实，对于课堂教学设计我有足够的信心，还经常帮着别人设计课。在很短的时间内，备课、试讲等环节都顺利完成，自我感觉效果还不错。跟着听课的领导也感觉课设计得很好，毫不吝啬地夸了一通，又痛痛快快地鼓励了一番。

讲课比赛在另一所驻城学校举行，我的好朋友恰好在那里教学。按照抽签顺序，我的课是下午最后一节。这样一来，我就有充足的时间做课前准备。朋友帮我调试好PPT，然后开始擦掉上节课留下的板书。就在这时，我心里开始焦虑起来：你看，人家的粉笔字写得多好，我可咋办呢？于是赶紧与朋友商量：自己的字不好，能不能不写板书？朋友哈哈大笑："不写板书怎么行？再说了，你的字也不算太难看，该怎么写就怎么写吧！"

话虽这么说，我的心里还是局促不安。灵机一动，我忽然记起来，我的PPT里不是已经有课题和知识结构图了吗？那不就算是板书吗？那时候，PPT刚刚在讲课比赛中被使用，很多人对于还要不要板书仍有一些争辩。为了避开自己的弱点，我决定打一个擦边球，在讲课的时候不再板书，并为自己找了一个很好的理由——我已经在PPT里呈现过了呀！就这样，一节课顺利讲完。课后，教研员魏老师问我："你怎么把板书给忘了呀！"那时我才知道，在评委的评分标准中，板书一项占了整整十分。

现在，我也开始做教研工作，有机会参与一些高级别的课赛评课。我发现，很多获得好成绩的老师，他们的字也跟我的差不多。评判一节课好与坏，板书好坏确实是一个因素，但绝对不是关键因素。而那时的我，却把"字写得不好"看成了天大的事情，以至于直接否定了最常规的规范,把板书这一环节硬生生地从课堂中清理出去。

04

我之所以讲述上面的糗事,是因为最近经常会有老师问我一些事情,这些事情归结起来,无外乎两种:一是我想做什么事情,可是我哪一方面不如别人;二是这件事情我根本做不来,因为我……每每聊到这些,我都会想起自己经历过的一些事情。

当一个人习惯于用自己的弱点逃避机会时,他是自卑的。我想,自卑带给人生的伤害,不仅是放任自己的软肋无限制地四处弥漫,更可怕的是,它会让人习惯于用自己的短板拒绝人生的各种可能。

毋庸置疑,自卑是良性人生必须要舍弃的内容。但是,这种深入骨髓的人生缺陷,不会因为道理的明晰而轻易消失。不过,我们可以努力将它的负面影响降至最低:在机会来临的时候,别轻易把短板放在人生的紧要处。

总会有人做出较为艰难的选择

扫码听书

有一位青年教师说,他们学校的领导班子人事调整刚刚结束,他想去一位新上任的领导那里"坐坐",但是不知道带什么东西合适。言外之意,想让我帮忙拿个主意。我问他为什么要去"坐坐",他说自己不是为了得到什么额外的利益,只是希望摆脱目前的困境。原来,这位青年教师感觉自己一直被以前的中层领导打压,在个人成长中受到了人为的钳制。因此,他想借领导班子人事调整之际,率先与新领导疏通一下关系,起码不再让别人给自己"穿小鞋"。

01

其实,一线教师在职业生涯中总会遇到各种各样的不如意,每个人的对待方式也不同。像这位青年教师一样,绝大多数人往往选择妥协去默认和接纳,去迎合世俗,希望依靠他人的力量摆脱困境。也有的人,会在一番愤世嫉俗之后,心安得地接受平凡。比如,有些青年教师在参加评优选拔时受挫,往往会把原因归结于不公平、不公正，从而选择自我消沉、自我颓废，从此一蹶不振。当然，也会有一些人，在碰壁之后激烈对抗，甚至采用极端方式希望尽快扭转局面，从而导致人际环境更加被动和紧张。

实事求是地讲，"不如意"存在于任何职业和任何领域，也存在于每一个人的生活之中。这些不如意，有的时候是个人能力不及所致，有的时候是源于人为因素的干扰。但归结起来讲，它们都是可以克服的——更准确地说，是可以挣脱的。在我看来，挣脱是一种长久积蓄后的喷薄而出，比如，经过自己沉潜之后的努力，挣脱先天的种种不足，挣脱生活的桎梏，挣脱一切捆绑命运的绳索，等等。

02

首先，我想谈谈我自己。在很多文章中，我都谈及过自己做教师的诸多先天不足：性格内向不善表达，沟通能力差不善交际，普通话太普通不适合讲课比赛……这些缺陷曾经一度让我跌入教育职业的泥沼，不能自拔。源于一个偶然的机会，我开始进行教育叙事写作。在不断的记录和书写中，因压抑而狂躁的情绪逐渐趋向澄明，因失望而倦怠的内心逐渐变得敞亮。在不断的反思中，原本习以为常的教育失误得到了修正，原本粗糙不堪的教育实践得以提升。正是这份长久而持续的写作，让我慢慢变得坚强起来，并一步步走过了职业生涯中最为不堪的时光。我觉得，写作之于我的意义，并不是帮我走向优秀，而是给了我把"不如意"当作"垫脚土"的力量，让我得以一直走下去。

其次，我想说说杨雪梅老师。杨老师是一位特教教师，从事的是多数人不甚理解和熟悉的特殊教育。因为特殊教育机构数量较少，职业环境又相对封闭，所以特教教师的成长空间就显得特别狭窄。在我们看来，杨老师的职业生涯存在先天的发展障碍，很难融入普通教育的庞大体系。为此，杨老师彷徨过、困惑过，却没有因此而放弃努力。最终，她选择了教育写作，用文字为我们揭开了特教的神秘面纱，也为自己推开了一扇瞭望广阔教育的思考之窗。仅仅两年多的时间，她撰写了近百万字的教育叙事，发表文章两百余篇，成为多家教育杂志的封面人物，被多家媒体作为教师成长典范宣传报道，并被多家教育媒体聘为特约记者。2018年，她顺利通过威海市名班主任工程的严苛考核，成为威海市名班主任，其德育理念与实践被《德育报》整版推介。同年，她组建了"雪梅教师读写团队"，带领更多的老师走上了读写之路。因为文字，杨老师不仅冲破了职业的藩篱和生活的困境，而且走出了一条开阔的专业发展之路。杨老师的职业成长经历，应该可以给予我们更多的启示。

03

如此，当命运带着缺憾、不公、伤害袭来的时候，把自己做大做强是一种必要的挣脱。其实，即使是成长得一帆风顺的人也需要一种挣脱，挣脱已有的辉煌和荣耀，走向更加深邃的天地和远方。

这一点，毛家英校长是一个佐证。毛校长是全国优秀教师、专家型校长。可以说，她是教师成功的典范、教师成长的目标。这样一位功成名就的知名校长，带领自己学校的十一名青年教师坚持读写，组建了"叙事者·望亭读写团队"。她坚持以身示范，每周展示一篇教育叙事，团队成员自然坚持写作，毫不懈怠。两年多的时间，团队中的青年教师在持续写作中形成了敏锐的反思力，助推了各自的教育教学和专业成长，在发表了大量文章的同时，教育教学素养也逐渐凸显。而毛校长则在教育叙事写作中发现了故事的价值，开发了一系列学校德育课程，其中基于叙事理念的"我喜欢你"德育课程，已经成为特色彰显的德育品牌。如此，不仅困境和不堪需要改变，成功也可以递进，让优秀的更加优秀，成功的更加成功。

巧合的是，我所列举的三个例子都是基于写作的一种挣脱。这并不意味着只有写作才可以带来挣脱的力量，它只是其中的一种方式而已。倘若我们循着这三个案例来探究这份力量的来源，大概可以提炼为这样几个关键词：浸润式的积累，缓慢而有力的改变，一点点的垫高。概括起来说，人生劣势的挣脱，未必是轰轰烈烈的、喧嚣着的挣扎，也可以是静默的、舒缓的水到渠成。

也许，这样的挣脱更有力量。

打碎自己才有可能成长

扫码听书

在一次沙龙活动中,参与人员不知不觉中聊到了教师的培训问题。大家众说纷纭,普遍认为教育行政机构组织的培训没有什么吸引力,倒是一些民间组织自发的研修活动生机勃勃。由此,他们认为:教育行政机构的培训不接地气,民间组织的研修更适合一线教师。事实是否真如他们所言?以下两个例子也许能够帮助我们更好地厘清事情的真相。

01

我曾和一位校长在网上交流,他给我讲了这样一件尴尬事。

他是一个很注重教师成长的校长,只要有可能,他会千方百计为老师们争取学习的机会。这一次,他又争取到了五个外出学习的名额。他认真了解过,这次培训质量很高,组织也很规范,还有严格的考勤、考核制度。他想把这次机会给真正愿意学习的人,便放弃了以前轮番安排学习任务的常规做法,采取自愿报名的创新之举。他甚至暗想，如果报名的老师多，他宁愿再去申请、多花钱，也会替老师们实现愿望。于是，他在全校教职工大会上说了培训的事，并鼓励老师们积极报名参加。但是，一个星期过去了，教务处的老师告诉他，一个报名的也没有。这让他大跌眼镜，怎么会出现这样的局面呢？没办法，他只好再次使用老办法，指派人去参加。教务处的人告诉他，指派了很多人，都不愿意去——会议地点太偏僻了，没有玩头。他这才明白，原来老师们以前能被迫接受培训任务的原因，并不在于培训质量有多好，而是培训地点繁华，可以借机去购购物、旅旅游。他至今还没弄明白，明明老师们的视野需要开阔，教育教学的艺术需要提升，怎么就是不愿意去学习呢？

经常有人说，培训是最好的福利。也许，很多一线教师真的把培训当成了自己的"福利"，但这种"福利"却绝对不是我们所说的那种成长福利。当成长被看作是顺便捎带着的事情时，对成长再有利的培训，也只能是培训组织者一厢情愿的自讨没趣。

02

有一次，我到外地出差，遇到一位资深教研员，他对教师的成长也是焦虑不安。

他先是谈了参加教研活动时老师们的种种做法，逃会、聊天、玩手机，很少有人去认真听精心设计的教研内容。他到一所学校调研，教研组长谈了学校毕业年级的教学创新举措，内容竟是多年前他亲手做的研究方案。叹息之余，他疑惑地说："一般的老师对学习和研究没有兴趣，倒还可以理解，为什么那些省市级的教学能手也不愿意再去学习了呢？"原来，他曾经多次与骨干教师座谈，希望他们在优秀的基础上再进一步,把自己的经验做法和特色挖掘出来,梳理成自己的教学理念。也就是说,他希望这些学科带头人能够走上研究之路,多拿出一些时间来读书学习,多做一些教学研究,实现从实践型教师到专家型教师的跨越。他的倡议无人响应,更没有人付诸行动。再后来,他了解到这些名师的生活常态:因为在学科教学上有了名气,成了教学骨干,领导开始重视,"教而优则仕",他们成了单位里的小干部,大大小小的管理事务损耗了他们大量的精力;因为教学成绩突出,成了家长们认可的老师,于是很多家长纷纷想方设法把孩子送到他们家里辅导,他们被"逼着"做起了家教,课外的时间都耗费在"挣钱"的事上。最终的结论是,他们确实没有精力,也无暇再去顾及成长的那些事。

以前是"教而优则仕",现在又有了"教而优则商",很多成熟的优秀教师就是这样丢失了成长的诗和远方。当一个教师以为自己的成长已足够满足生活需要的时候,成长的疼痛怎么还能引起共鸣和回应呢?

03

事实的确如此。有的教师,可能会对自己的现状不满,总渴望更进一步,却又在行动上极易自我满足,觉得自己已经做了不少,不愿意再往前走一步,这就是所谓的"梦想的巨人,行动的矮子"。也有的教师,安于现状,不想再"折腾",一切都以"还说得过去"为准则,对那些不是被逼无奈的事情,不愿意想、不愿意做,这已经成了一种比较普遍的现象。其实,普通教师不愿意主动成长,优秀教师没能更优秀,从根子上说是缺少了一种打碎自己的精神。所谓打碎自己，就是把自己的辉煌和安逸，一点点地掰碎，实现一个人的重新塑造和再生。

　　我一直认为，人若没有打碎自己的精神，生活迟早会走向板结。每一位老师，在最初的时候，肯定都是豪情与激情满怀，也很努力和勤奋。只不过，在岁月与世俗的侵袭下，慢慢地臣服，慢慢地板结，慢慢地没有了流淌和生动。所以，有时候，教师需要一点打碎自己的精神。站在教师成长的角度来说，"打碎"就是时时警觉地反思，每每仔细地回眸；就是在激情快要凝结的当儿，轻轻给自己一个敲打，一点撼动，让自己不至于硬化，并始终保持向上的灵动。

不要让自己的行走局限于当下

扫码听书

别人经常会误解我,以为我是一个不谙人情事理的人。其实,在很多事情上,我并不是不知道妥协与顺应可以为自己带来便利与好处。只不过,我更愿意遵循自己的内心,虽然这会让我走得比别人更加艰难。幸运的是,很多人,与我一般。

01

回家的公交车上,我遇到了多年未见的初中班主任李老师。他说,他在电视上看到了关于我个人成长的那个纪录片,看到我出版了那么多教育专著,他为我感到骄傲。末了,他说:"其实,我刚做老师的时候就有一个愿望,希望自己能够把教育经验写出来,出本书留个念想。但是,干了没几年,烦琐的生活就让我忘记了这个理想,现在想写也没有这个能力了。"

这件事对我触动很大,我想知道像我的班主任一样的老师有多少。于是,利用走访退休老教师的机会,我展开了调查:"在几十年的教育生涯中，你觉得最为遗憾的事情是什么？"答案有很多，其中一个答案占据了大多数——做老师久了，就把自己最初的理想给弄丢了。

其实，这个问题也可以拿来问正在做老师的我们。工作的第一年，你的理想是什么？第二年，理想离自己近了还是远了？第三年，理想离自己更近了还是更远了？十年后，你还记不记得自己的理想？如果这些问题都有令自己满意的答案，那么你一定是离理想最近的那个人，你也一定可以成为众多教师中的佼佼者；如果这些问题的答案你自己都不满意，甚至成了刺痛自己的蒺藜，那么你可能会成为那些慢慢走向平庸的大多数。

王尔德曾说："我不想谋生，我想生活。"我相信，在刚刚踏上讲台的时候，几乎所有人都不会把自己看作是一个普普通通的教书匠，也极少有人心甘情愿地把教师职业当成谋生的手段。在那些激情闪烁的内心里，即使没有成为专家、名师的梦想，也多多少少会有些不必言说的美好追求，哪怕只是诸如"做一个好老师""得到学生的喜欢"之类的简单想法。但随着岁月的递增，那些曾经安放于理想最顶端的追求，大多会在不知不觉中沦落到俗尘里，被淡忘在简单重复的琐碎中。

那么，原因究竟是什么？我想，应该是选择。

假如，我们把时间看成是人生的河流，它可能会以两种方式流淌过每一个人的职业生涯，一种是一步步拉伸生活，一种是一点点流失余生。前者是用进取之心为人生做加法，后者是用颓废之意为人生做减法。假如，我们把时间看成是人生的牧场，它可能会以两种形态驾驭不同的驰骋，一种是飞扬理想和希望，一种是泯灭梦想和憧憬。前者在用不懈的努力染绿远方，后者在用枯竭的方式沙化未来。

如此，一个人能否成功，关键在于你做出怎样的选择。通常来说，你希望有怎样的职业生涯，你就会有怎样的教育生活。同样的日子，因为选择不同，便走上了不同的道路。同样的教育，因为坚持不同，便有了不同的结果。当然，选择坚守理想在很大程度上也就意味着选择了更加困难的行走，会有更加沉重的付出，甚至意味着暂时的落寞与苦恼。

但是，一个坚守理想的人肯定会有这样的胸怀：在还可以奋斗的日子里，就不要让自己的行走局限于当下，不要让自己的内心局促于安逸。说得简单一点，那就是无论如何别弄丢了自己的理想，别忽视了自己感受明天的能力。

02

有老师问我一个老生常谈的问题：在整个社会都在追求升学率的大环境里，到底是育德重要还是"育分"重要？其实，对于这个问题，每个人心中都有一个标准答案，但很多人却在实践着另一个答案。至于到底应该如何选择，有两则小故事可以帮我们推敲一番。

一则是"王戎识李"。《世说新语·雅量》里说："王戎七岁，尝与诸小儿游。看道边李树多子折枝，诸儿竞走取之，唯戎不动。人问之，答曰：'树在道边而多子，此必苦李。'取之，信然。""王戎识李"的故事是在为王戎的聪明点赞，告诉我们做事要仔细观察，善于思考，根据有关现象进行推理判断，不能盲目追随他人。诚然，年仅七岁的王戎，就能够通过"树在道边而多子"的异常现象判断出"此必苦李"，从而没有像别人一样去摘取不能食用的李子，这实在是一种超越常人的智慧。

一则是"许衡不食梨"。《元史·许衡传》记载：许衡"尝暑中过河阳，渴甚，道有梨，众争取啖之，衡独危坐树下自若。或问之，曰：'非其有而取之，不可也。'人曰：'世乱，此无主。'曰：'梨无主，吾心独无主乎？'"。这个故事所称赞的是许衡的正直，口干舌燥之际见到没有主人的梨子，竟然能够在"众争取啖之"的时候，发出"吾心独无主乎"的感慨，实在是难得的大德之胸怀。

这两个故事流传很广，特别是"王戎识李"更是为众人所知。如果单从才华来看，王戎与许衡应该不相上下、各有千秋。王戎是竹林七贤之一，可谓才华横溢；许衡是著名学者，称得上学富五车。但是，两人留给世人的印象却大不相同。王戎在历史上的名声一直不大好，《晋书》中说王戎"性好兴利……积实聚钱……而又俭啬"，各种史书上对其不利的记载更是大量存在。而许衡则始终为世人所尊崇，其言行品德广为众人赞誉，被人们称为"元朝一人"。

原因何在？"王戎识李"显现出了王戎的聪明与能干，"许衡不食梨"验证出了许衡的正直与善良。聪明与正直是成功的两个主要元素，缺一不可。但是，这里却有一个排序的问题，那就是正直在前聪明在后。正直如果是"1"的话，聪明就是"1"后面的"0"。有了"1"，后面的"0"越多成功也就越大；没有"1"，后面的"0"就不会产生价值，甚至成为负数。在这个世界上，聪明绝顶却因无德而成为罪人的大有人在。

如此，"育德"还是"育分"也就变得不难选择，选择的结果在某种意义上也就决定了教师是像王戎，还是更像许衡。

03

2018年岁末，我结识了梁良校长。第一次见面，梁校长谦逊而儒雅的气质就吸引了我。这几年，见过的校长不少，一见面就让我心生好感的人却并不多。接下来的这件事，让我对梁校长的好感陡然变成了钦佩。

晚餐时，梁校长吃到一半便匆匆离席，说是要赶去学校上自习课。他走后，其他的人解释说，梁校长一直坚持带两个初三毕业班的数学课，并且所带班级的数学成绩遥遥领先。言及此事，旁边的人似乎在讲一件极其平常的事情。而我，则有了深深的震撼。虽然各地的教育行政部门一直倡导教学干部带课，有些地方还有必须完成"半个人工作量"的具体规定。但事实上，真正承担"半个人工作量"的教学干部并不多见。通常的做法是，学校会把一些不列入考试范围的科目挂在教学干部的头上，而这些科目在真实的教学中并不专设课时。也就是说，在形式上每位教学干部都带了课，实际上却不用上课。当然，这些需要"弄虚作假"的教学干部一般是学校的中层或者是副校长，一把手校长连这种顶个名的课时都不需要安排——校长忙，这一点谁都可以理解。在随后的交流中，我慢慢了解到，他们学校的师资相当充足，并不存在师资缺乏的问题。我相信，如果梁校长愿意，他这个名校的校长肯定不需要也没有必要去带课。他的"带课"完全是自己的选择，心甘情愿、没有外在压力的选择。

第二天，真正踏进他们学校，与梁校长深入交流了关于教师成长的话题后，我对他的敬意又添一层。梁校长博览群书，对教育的理解清晰而又深刻，特别是对教师专业发展的关注远远超出了我的想象。在去他们学校之前，我对当地的教师培训情况做过一些了解。实事求是地讲，他们学校所处的地区师训情况并不尽如人意，大多数校长还在采用"靠天吃饭"的方式维持基本的教育——手里有什么样的教师，就使用什么样的教师。真正关心教师成长，把教师成长放在学校发展首位，在教师培训上舍得花大力气和精力的校长比较少见。而梁校长就是这少数校长之一。他对当前教育现状的剖析，对教师发展的系统规划、设计与实践，似乎与当地的教育"气候"不大匹配。也正因此，他就像是一片墨绿中斜逸而出的花朵，单从色彩上就已经显得与众不同。

其实，人最大的困难就是从常态中选择一种不一样的姿态。且不说"举世皆浊我独清，众人皆醉我独醒"的选择有多么艰难，就是生活中的一些小事坚持起来也并非易事。比如，在别人都选择沉默时，你选择了发声；比如，在大家都选择相信的时候，你选择了质疑；再比如，在庸常的环境里，你坚持不落入庸常。毋庸置疑，从众是人生中性价比最高的选择，在舒适安全的行走中就会收获波澜不惊的生活。但是，总有一些人会选择较为艰难的行走，在走出舒适圈的同时，带给世界一些感动和安慰。

是什么让成长离理想越来越远

扫码听书

经常会有老师哀叹自己被生活弄丢了理想,越来越多的人喜欢把生活中的不如意归结于体制和他人。其实,大多数时候,弄丢理想的,恰恰就是我们自己。

01

没有做过教师的人,永远无法体会教师的忙碌。

M是一位初中教师,三十多岁的年纪,十余年的教龄,正处于职业发展的黄金期。他很希望证明自己的教学能力,渴望得到同事的认可。也正因此,他对自己要求很高,不仅把所有在校的时间都耗在了教室和课堂里,放学后的大部分时间他都沉浸在作业批改、备课之中。在每天与他形影不离的挎包里,装满了教材、备课本、试卷等;在他与别人极少见的闲聊中,话题也离不开学生的教育和课堂教学。通常,晚上十一二点钟,朋友圈中他晒出的不是批阅试卷就是第二天的教学安排的图片。

这些外在的忙碌，映射出他内心的焦虑。他很在意每一次考试，哪怕是自己组织的周考，他也会对及格率、优秀率等仔细统计。倘若是年级或学校组织的考试，他必定考试前紧张无比，考试后焦躁不安：班级名次好，他担心下一次被超越；班级名次不好，他会觉得自己很失败，挫折感会在瞬间击垮他的所有努力。总而言之，无论何时何地，他的紧张与担忧如影随形，他几乎没有片刻放松或者自由的时间。

其实，适当的焦虑是成长的动力，但像 M 一样将教育视为生活全部的人往往容易把自己置于困顿之中。一个陷入困顿的人，在工作和人际关系中往往折腾——折腾自己，折腾学生，折腾家长。首先是用近乎苛刻的自我要求把自己弄得疲惫不堪，然后就是不由自主地抬高对学生和家长的要求。比如说，某一次学校统考班级成绩不理想，具有焦虑倾向的老师就会觉得周围的人都在议论自己，自己的教学是失败的。为了证明自己，老师通常不会反思自己教学的不当，而是选择对学生进行报复性施压：加大作业量，延长上课时间，更加严格要求纪律，等等。同时，也会对成绩不理想的学生家长提出更高甚至是苛刻的要求。这种不正常的教育生态，必然会导致师生关系的恶劣和家校关系的不和谐，教师体罚学生、学生侮辱教师、家长殴打教师等不良教育关系的出现也就不难理解了。细细追究起来，几乎所有的师生冲突都与教师的情绪有关，是教师困顿焦虑情绪的不当诱发和宣泄。

那么，怎么办？我觉得教师应该学会自我疗愈。每个人活在尘世里，都需要一个干净的、精神上的世外桃源。这个世外桃源可以帮助自己宣泄情绪，可以让自己在另一处寻得希望和慰藉。当一个人把一件事情当成生命的全部，并极力想要获得这一领域的唯一成就感时，这件事情就会成为遏制其精神和生命自由的工具。而一旦这份追求无法落地，人的精神世界就会崩溃坍塌，从而陷入无休止的失望、倦怠甚至是麻木。所以，一个人不能把自己的精神全部寄托于一件事情上，要在必要的生活之外开辟新的领地。比如，在教书育人之外，有不一样的爱好与追求，让自己的情绪可以有个缓冲地带——即使生活把你推向了绝望，你也可以在另一隅安放自己的焦虑和不安；即使在这一领域是彻头彻尾的失败者，在其他的领域还有支撑自己前行的力量和光芒。如此，你才有可能放弃与自己的交战，也才有可能不与已有的教育生活不共戴天。

02

很多人清晰地知道应该怎么去做，却很少有人可以坚持自我成长。

W老师是一位优秀教师。他的课堂智慧而有趣味，可以在不知不觉中把学生带进学习的状态；他的班级管理有效而人性，学生可以在他悄无声息的引导下获得行动的准则。在整个学校，领导对他高度认可，同事对他崇拜有加，学生对他敬重而喜欢。至于家长们，对他的尊崇可以说达到了疯狂的地步——不管用什么手段，也要把自己的孩子送到W老师的班级。可以说，在很长一段时间里，W老师就是学校里高高飘扬的旗帜，是无数青年教师心里的标杆。就在这样的成就感中，W老师送走了一届又一届学生，收获了一拨又一拨赞誉。直到他临近退休的一天，周围的年轻人似乎在一夜之间成长起来了。他不再是中心，不再是传奇，他的课堂也失去了曾经的吸引力。

百无聊赖时，他会去读些教育杂志。他总是会对着一篇篇文章发出感慨：这些方法我多年前就用过了，这个人写的经验我也实践过……像 W 老师一样，绝大多数教师在几十年的教育实践中都会有自己的独特经验，只不过很少有人会有意识地把这些经验加以总结和提升，更鲜有人愿意用文字记录下来加以物化。太多的教师，习惯于把自己定位为一个实践者，只愿意享受行走过程带来的满足和惬意，没有对过去及时进行归拢的意识与行动。如此，教师就把自己主动矮化为纯体力劳动者，心甘情愿地充当起"日出而作，日落而息"的农人。其实，教育者与劳作者的不同就在于，劳作者在结束一份劳动任务后，就可以安心踏实地享受劳累后的放松，就可以一壶酒下肚不再"管他三七二十一"。而教育者则不同，教育不是纯体力劳动，而是劳作与智慧共行的劳动——既要有上课管班的辛苦，也应有及时回顾梳理的智慧。

  通常来说，教师的主动矮化除体现在职业定位上的自我降低要求之外，还表现在对未来生活的规划与建设方面。在教育实践中，大多数教师会把目标定位为完成今天的任务，实现今天的成功，证明当下的存在。很少有人会想到十年、几十年后的自己，更没有人愿意为看似遥遥无期的未来做些事情。所以，很多教师会在离开教师岗位之后，或者教师岗位不能再给予其足够的骄傲时，感到莫名其妙的挫败和落寞，也就有了诸如"想当年""那时候""其实我"等类似的感慨。

  其实，对于教师来讲，可以主动把站位定得高远一些，毫不犹豫地把自己归到研究者的行列。因为，所有的劳作都会有终结的那一天，所有的劳作者都会经历壮年的辉煌与暮年的寂寞。只有研究者，既不会有六十岁退休的约束，也不会有心有余而力不足的遗憾。也只有研究型的教师，才可以在经验梳理与行动调整中保持某种天真，才可以在顺着过往去反思的成长中踏踏实实地建设好未来的教育生活。

研究是一项让人终生着迷的事业，也是让教师内心始终保持平衡与新鲜的最佳路径。

03

现在的教育很讲究实用。比如，自从体育被列入中考考查范围之后，学校对体育教学就忽然重视起来。只不过，学校重视的不是系统的体育育人之策，而是紧盯着中考项目。换句话说，中考考什么体育项目，学校就把哪些项目列入教学计划，凡是不考的项目都不正眼去瞧一下。并且，对体育的重视也仅限于考试之前，考试结束以后体育锻炼就会被抛弃至一边，永远打入冷宫。再比如，国家要求开齐开全课程，并且有严格的考核检查机制。但往往是，升学考试要考的学科，才会正儿八经地开课，并且高分值的还会增加一些课时——超标准配备课时。那么这些多出来的课时从哪儿来？自然就是从那些不列入考试范畴的学科那儿挤来的。这些学科虽然在培养学生综合素养方面有着举足轻重的意义，却因为不能给学生的升学带来即时的效益而被搁置。如此，也就有了常态教学一张课表、迎接检查又一张课表的怪现象。

教育如此，大都是迫于社会的压力。只要升学评比机制不改变，教育的功利之心就不好废除。在这种形势之下，教师群体中惯常的"考什么教什么"也就不难理解了。因为教师需要接受机制的评比，需要争取机会在体制中站住脚。但是，如果在可以自主成长的方面，很多老师还是抱着"学校考评什么就去做什么"的心态应对，那就很值得我们去反思了。

H校长很重视教师的基本素养培育，倡导教师在工作正常开展的同时，养成读书和写作的习惯。为了推进这项工作，学校还把读书和写作列入教师考核项目。因为是校长的号召，又有考核任务的约束，众多老师走上了读写之路。从抄袭下载到可以独立成文，从满腹牢骚到慢慢尝到甜头，绝大多数教师开始接受这种行走方式。再后来，部分教师开始在读书方面小有成就，也有教师开始有文章发表，读写似乎就要成为这所学校教师的生活方式。而就在此时，学校人事调整，校长去了另一所学校工作。新来的校长不重视读写，而是更欣赏那些加班加点拼命灌输知识的老师。于是，学校的读写之风骤停，几乎没有老师再梳理教育经验，而是集体奔波在工作工作再工作的简单重复之中。后来，H校长与几位之前在读写方面有所收获的老师交流，这些老师一致认可读书和写作是教师最必要的修行，只是校长不重视了，学校不考核了，老师们也就没有精力和兴趣继续去做这些事情。

　　精致的实用主义者就是这样：明明知道一件事情是对的，却不因其正确而坚持。人生在世，实用很重要，却不能一切都以实用为出发点。作为教师，应该把眼光放得尽可能长远一些，把胸怀锤炼得更宽阔一些，试着在暂时带不来实际效益却有长远价值的事情上用力。那些看似无用的东西，也许正是能够让人生更加丰盈、更加有趣的关键所在。十年树木百年树人，教师的成长也是如此。若想获得更加高位的成长，就必须怀着一颗等待的、不急功近利的纯净之心，不顾及当下的利益得失，坦率而又执着地做好一件事情，凿一口自我成长的深井。而这些，恰是一个教师的教育情怀得以升华的根本。

　　其实，教师专业化发展是一种自主性很强的生命建构，内因才是其中最具决定性的因素。作为教师，不拘泥于繁杂的事务性劳作，不自甘于搬运工式的忙碌，不苟且于眼前的利益得失，以坦然、睿智而诗意的心态面对丰富的教育生活，才是应有的专业情怀。

别被浅层次的努力耽搁

扫码听书

成长,需要永恒沉重的努力。这份努力越坚定、越深刻,就越有可能让自己葆有离开原位的能力。但事实上,我们看到的许多努力,其实还只是一种不够厚重的尝试而已。

01

从某种意义上说,参加优质课比赛算得上是一件比较令人纠结的事情。

通常,如果有一位老师要参加县区级优质课比赛,那么全校同学科组的老师都要出工出力、忙前忙后;如果有一位老师要参加市一级的优质课比赛,那么区县教研员可能会动用整个区域的名师去评课议课;如果有老师要参加省一级的优质课比赛,那么由此所引发的动静,并不是一般人可以想象得出来的。这种现象,被称为"磨课",在小学阶段尤为盛行。

有时候,我会听到教研员们邀功般的诉苦,为了某某的那节课,一两个月的时间都跟在后面没白没黑地磨课,真是累死了。有时候,我也会听到参赛的老师源自肺腑的诉苦,这辈子再也不想参加优质课比赛了,折腾不起。有位参赛老师谈及比赛前的昏暗日子,仍然心有余悸:自己最初设计的教案已经被修改得面目全非,每一天都会如傀儡般被折腾到天黑,几十节课讲同样的教学内容,厌倦到想要呕吐。

那么,所谓的磨课,到底打磨了哪些问题呢?可能是教学设计,可能是纯粹的技巧。诸如:你应该站在讲台的哪个位置,应该穿什么样的衣服;这句话应该怎么说,应该用什么声调……在大家的努力下,参赛老师得了奖,有些教研员认为这就是教研成果,觉得这位老师获得了巨大的成长。可是赛后,回到常规课堂,你会发现他原来怎样上课,现在还是怎样上课。无论是在教学理念还是教学技能上,都没有什么改变和提升。原因是什么?所有的东西都是别人设计的,讲课者只是扮演了一回角色而已。就像是一个演员,穿上了皇帝的服装,演了一次至高无上的皇帝,脱下戏服,自然还是原来的他。如此,当他再去参加高一级的比赛,同样还要靠很多人的帮助,打磨的方式也差不多。久而久之,他可能就会认为所谓成长不过如此,也就渐渐地产生了职业倦怠。

大家都知道台湾著名的冻顶乌龙。据说,台湾某高山产的这种乌龙是最好的。茶农在给茶树施肥的时候,都是在距茶树根大约一米的地方,往下再挖两三米深,把肥料埋进这个洞里面,非常费时费力。到了20世纪80年代,化肥开始在台湾盛行。和农家肥不同,化肥可以直接用水稀释,所以茶农们只要把稀释过的化肥直接浇在树根附近就行了,省事多了。一开始还没有变化,十几年后,茶叶的品质开始下降。再后来,当地发生大旱,很多茶树都旱死了,只有那些比较保守的老茶农用老办法种出来的茶树幸存下来,而且还长得很茂盛。其实,那个地方是不缺水的,挖到两三米以下,必定会有地下水流出。可为什么还是有大量茶树旱死了呢?因为这些茶农一直都在地表施肥,茶树的根就不需要再向下生长了。但传统的施肥方法,则迫使茶树向深处扎根,长到有水源的地方。

这个故事告诉我们:一些浅层次的努力,其实会耽搁真正的成长。就像上面讲到的课赛,虽然参赛老师和周围的人都很努力,但他们的努力却是一种极为浅显的努力。当然,我并不是说老师在磨课中没有任何成长,只是觉得我们可以有更深层次的"磨课"。比如,指导教师在整个备赛过程中做一个帮助参赛教师思考的协作者,而不是全盘给予的恩赐者;比如,在整个备赛过程中参赛教师做一个积极的反思者——我应该怎么去做,而不是成为他人建议的简单接受者。任何事情,当我们在某个层次上持续一段时间后,都需要进一步去寻找更深层次的目标,付出的努力也应该一层比一层更加深刻。如此,一个人的成长才不至于被浅层次的努力耽搁。

02

元旦那天,我与雪梅教师读写团队的部分老师进行了简单的交流。在谈及教育叙事写作问题时,几位老师都谈到了故事价值的挖掘问题。他们普遍觉得,写故事容易,但对写好的故事进行思考却往往无法深入,想来想去还是停留在故事的表象问题上,无法像成熟的作者那样把故事的价值最大化。他们问:在写好一个故事以后,应该怎么针对故事进行反思,从而把故事的意义最大限度地表达出来呢?

当时,我以一个不太恰当的比喻进行了解答:写完一个故事,就像是知道了一块地的最底下埋有宝藏,我们要想获得这些宝藏,唯一的办法就是向地下深挖，而深挖的第一步应该是找一种锐器戳破坚硬的地面，然后才是用铁铲一点点地挖下去，挖得越深离宝藏也就越近。也就是说，在对故事进行反思时，为了让反思能够深入下去，应该用一种办法来逼自己一把。这个办法就是追问，把反思的视角指向自我。比如问一问自己：我这样做对吗？达到理想的目的了吗？还有没有更好的办法呢？如此，你的思维就能彻底打开。

其实，反思也是有层次的。很多人写教育叙事之所以不能打动人，并不是因为文笔不够精彩，也并非故事不够精致，而是在揭示故事所蕴含的道理时欠了火候。通常，他们也会去反思，也有反思的意识，却往往只是泛泛而谈，净讲一些大路边上的浅显道理。这样的反思，粗陋而又无味，有时候会白白糟蹋一个好故事。

在写作的问题上，还有一种写不下去的情况。有一些老师，在刚刚开始写作的前几年，往往下笔如有神，几乎每天都可以写出一两篇文章。还有的老师，一年的发表数量大得惊人，似乎有着源源不断的写作动力。但是，几年之后，越是前期写文章多的人越会有一种写不下去的感觉，似乎每一件事情都已经写过，再也找不到写作的素材。事实的确如此，教师的生活圈子相对封闭，每天打交道的人几年不变，生活的痕迹反反复复在重叠，写不下去似乎是一件再平常不过的事情。那么，应该怎么突破这个瓶颈呢？

很明显，这个时候最需要的就是选择一个写作方向，逼着自己沿着一条线写下去。只有这样，一个人才可以摆脱对表面现象的反复思考，才有可能让自己的思考深入下去，进而获得源源不断的写作素材和动力。这些被自己挖掘出来的新鲜思维，可以不断刺激自己的神经，让一个人始终保持昂扬的写作激情。

深入是拒绝浅薄的最好路径，写作如此，生活也是如此。

03

《少有人走的路》开篇有这么一句话:"人生苦难重重。"作者把这句话定位为"世界上最伟大的真理之一",认为人一旦接受"人生苦难重重"的事实,就不会再对苦难耿耿于怀,从而获得心灵上的解脱和释然,帮助自己从苦难中解脱出来。

这句话,我深以为然。

其实,在人生的道路上,真正能够称得上是苦难的经历并没有那么多。更多时候,我们所面对的都是比苦难低级很多的"麻烦事"。教师在成长过程中,总会遇到各种各样的麻烦事,诸如:学生问题或问题学生带来的困扰,师生关系不和谐带来的烦恼,等等。这些看似微不足道的麻烦事,就像是埋伏于肉体里的一根刺,时不时地会让我们疼痛甚至焦虑不安。也正是这些麻烦事,搅扰着心灵的宁静,破坏着内心的祥和,让教师在不知不觉中走向了疲惫与倦怠。可以说,教育职业的诸多失败,大都源于这些绵绵不断的小问题、小困惑。

那么,我们应该如何对待这些"麻烦事"呢?《掉进井里的驴子》这个故事或许可以给我们一些启示。

一头驴子不小心掉进一口很深的枯井里。主人绞尽脑汁想办法解救驴子,但几个小时过去了,驴子还是没有被救出来。最后,主人决定放弃。他想,这头驴子年纪大了,不值得大费周折去把它救出来。于是,主人便请来左邻右舍帮忙一起将井中的驴子埋了,以免除它的痛苦。主人和邻居人手一把铲子,不断将泥土铲进枯井中。刚开始,当这头驴子意识到自己的处境时,哭得很凄惨。但出人意料的是,不一会儿这头驴子就安静下来了。主人好奇地探头往井底一看,出现在眼前的景象令他大吃一惊:当铲进井里的泥土落在驴子的背部时,驴子的反应令人称奇——它将泥土抖落在一旁,然后站到铲进的泥土堆上面。就这样,这只驴子很快便上升到井口,然后在众人惊讶的表情中快步跑开了。

这个故事告诉我们,当一个人陷入困境或面临麻烦时,正确的做法不是回避,也不是怨天尤人,而是坦然接受问题的存在。只有这样,才可以静下心来去审视自己的处境,并积极寻找解决问题、突破困境的方法。倘若这头驴子在主人决定放弃它的时候,心灰意冷地选择放弃努力,或者狂躁不安地嚎叫不止,那么它的结局必然就是被埋在井底。正是因为它在短暂的惊慌不安之后,在危机中发现了生存下来的契机,才有了后来对困境的挣脱与超越。

其实,我们当老师的也是一样,应该学会把教育生活中的麻烦事变成"成长营养"。这就需要我们做到两点:一是正视麻烦事的存在,懂得复杂的教育生活中遇到麻烦事不可避免,它是教育实践中无法回避的存在。这种正视,能让我们对教育持有一种坦然宁静的心态。二是要看到麻烦事的两面性。你看,落在驴子背上的土,本来是要把它埋没的苦难,却被它当成了垫脚求生的物品。聪明的驴子把不利变成了有利,把厄运变成了成功的营养品。任何事情都有两面性,我们应该学会去寻找其积极的一面。

比如说,两个学生打架了,如果你只是看到打架事件给你带来的麻烦,它就注定会成为你的累赘和负担;如果你认为可以通过解决打架事件锻炼自己的能力,提高自己的教育艺术,它就可能成为有助于你职业发展的"成长营养"。我始终认为,教育中的所有问题对于教师来说,都具有成长价值。就像是名医,他的高超医术光靠读书是无法成就的,需要在不断解决疑难杂症的过程中慢慢积淀。

如此,学会用麻烦事垫高自己,让遭遇的一切都成为专业成长的资源,是一个教师必须具备的心态,也是教育的智慧。

学会与自己死磕到底

扫码听书

2015年,我萌生了"觉者为师"系列图书的创作念头,2016年2月出版《寻找不一样的教育》,2017年3月出版《做一个不再困惑的老师》,2018年6月出版《推开教育的另一扇窗》,接下来就是这本《成为更好的老师》。有很多朋友曾经问过我,怎么会想到要去规划这样一个系列?又是怎么坚持完成这近一百万字的写作的?

01

就第一个问题来说,我觉得曾国藩给我的启示很大。

1842年,刚过而立之年的曾国藩打算整理一套《曾氏家训》,刚起步时却屡屡受挫:他发现自己读书十几年,依然对文本不熟悉,知识未成系统,攒不出一本家训。于是,他决心逼自己成长,每天坚持做三件事:一是写日记,记录自己的成长过程;二是读史书十页,边读边思考;三是写《茶余偶谈》一则,记录并总结和朋友闲谈产生的火花、灵感。从此,他"誓终身不间断也",为十年后的另一种人生状态做好了铺垫。

从工作后的第二年，也就是我正式做教师开始，教育写作就始终伴随着我的教育实践。只不过，前期的写作算是"遇到什么写什么"的随性而写，既不做系统的设计与规划，也不考虑写作的方向与目标。如此写了好多年。直到有一天，我开始读曾国藩，看到他对自己十几年读书生涯的不满意，对自己知识体系不完整的反思之后，我也开始问自己：这么多年，写了这么多文章，除了发表文章的数量在递增，除了教育实践在细枝末梢上的改变之外，这些文字于我的成长到底起到了多大的作用？或者，它们应该起到多大的作用？所以，从那时起，我开始注重写作的方向性与连续性，并开始针对某一个领域进行相对深入的系统写作。

有方向、有目的地坚持去做一件事，这是曾国藩三十而立之后的幡然醒悟，也是一个人能够在某一领域做出成绩的最好方式。果不其然，有规划的写作生活让我的思考愈加深入，积淀也就越来越多地朝向了固有的领域。再往后，我就有了系统梳理个人写作的想法，这想法很快就变成了"觉者为师"系列图书的规划。

如此，这种系统性的写作最终改变了我的成长，让一个普普通通的草根教师，在写作反思中形成了自己的教育主张。也许，这就是我规划"觉者为师"系列的初衷和本意。当然，这份本意和初衷必不可少地包含着另外一层意思：让更多的青年教师学会去规划一件值得终生努力的事情，并持久地坚持下去。

02

第二个问题，我想从望亭团队说起。

前不久，我参加了望亭团队的三周年庆典活动。三年来，毛家英校长带领团队成员，从最初的纠结畏难到现在的从容坦然，一步步走出了望亭教师独特的读写成长之路。无疑，望亭团队是叙事者中最值得钦佩的群体之一。一次不落的成长作业，认真持久的读书学习，情致盎然的线下活动，书卷馨香的"叙事者之家"……这些，都在简单而清晰地表达着望亭教师的成长情怀。而文笔的渐次成熟，书香的渐渐聚拢，还有那些发表在各级媒体上的精品文章，也无不印证着她们的收获与成功。当然，这其中最值得骄傲的，其实还是一路走来她们的坚持。

我一直在想，一个人或者一个团队能够持久地去做一件事情，大概有这么两个原因：一是与生俱来的喜欢，二是死磕到底的坚持逐步转化为发自内心的喜欢。比如，毛家英校长一直以来对读书和写作的喜欢和重视，年轻教师刚开始读写时的激情与新鲜。当然，也一定会有对读书和写作的畏惧，行走过程中的疲惫和厌倦。那么，如此的三年里，咬着牙的坚持就显得尤为重要，甚至会起着决定性的作用。

于我而言，也是如此。

谁都知道，写作是一件很寂寞的事情，坚持下去的原因无外乎忍耐和固守。写作的这二十余年，没有觥筹交错，没有喧嚣热闹。一杯清茶，一盏孤灯，在习以为常的忙碌之后，写一段文字，记录一份心情，这是我的生活常态。我想，这也应该是每一个写作者的生活常态。你可以想象得出，这四本书的文字应该是从多少寂寞中煎熬而来的。

03

奥维德说，忍耐和坚持是痛苦的事情，却能渐渐为你带来好处。

以我的理解，这份"好处"，绝对不仅仅是坚持带来的利益上的馈赠，更不会仅是那些看得见的荣誉。在这里，"好处"应该更多地指向心灵世界的附加。比如情怀的生长、勇气的蔓延、把"迫不得已"变成"心甘情愿"的那份不知不觉，以及由此带来的人生状态的改观。这种人生的丰盈与饱满，才是坚持带来的最大"好处"。

那么，如何理解忍耐和坚持呢？我还是比较喜欢前面提到过的一个词语：死磕到底。死磕是一种撞了南墙也不会回头的倔强，也是一种坚硬且顽固的较劲。当然，有的人喜欢与别人死磕，变着法地与别人过不去，这不是有意义的死磕。真正的死磕，应该是与自己死磕，与自己的懒惰死磕，与自己的缺点死磕，与自己的松懈与懦弱死磕……这样的死磕，才是我们所需要的，也是走向成功的人必备的品质。

如此，学会与自己死磕到底，应该是一个人一辈子的努力。

试着与课堂有一次自然的连接

扫码听书

课堂是教师安身立命的舞台，在很大程度上决定着教师能够走多远。可以说，教师的教育生活就是在课堂中开始和绽放，然后收获大小不同的果实。而这一切，与我们对课堂的认知有着不可分割的联系。

01

有一位老师参加名师评选，按要求需要提交一份介绍个人教学理念的陈述材料。经朋友介绍，他找到了我，希望我能为他的材料"把把关"。

我对这位老师早有所耳闻：重点师范院校毕业，个人素质和教学基本功极好，工作没几年就频频参加区、市级优质课评选活动，近几年更是在省级课赛中成绩斐然。本区域内的年轻教师要参加稍高级别的课赛，一般都会想方设法求得他的指点。所以，我很希望看到他对课堂特色的描述，想知道这么优秀的教师会怎样描述自己的课堂教学。但是，当我仔细阅读完他的陈述材料后，却有一种说不出的失落。在这份工作总结式的材料中，他详细列举了自己在班级管理、课堂教学和学生辅导等方面付出的努力，还重点罗列了自己在这些方面获得的荣誉奖励。当我问及他在哪个方面做得最好时，他很自然地回答"当然是课堂教学"；当我追问"好在哪里"时，他骄傲地回答"获过很多高级别的奖励"；当我继续追问除了获奖还可以怎样描述"课的好"时，他想了半天没有说出所以然。

其实，这并非个别现象，而是课堂教学实践中存在的一种普遍现象：成熟一个，固化一个。通常来说，青年教师的课堂教学能力在入职一两年后基本可以满足教学工作的需要，三五年内会达到成熟期，但教师的教学水平往往也就在这一时期开始走向固化——除少数教师会在实践能力上有所提高外，绝大多数教师会在这一水平上长久徘徊，甚至直至教学生涯的结束。原因是什么？我认为大多数教师缺少课堂教学实践的"晋级"能力，仅仅停留在"我在上课"的实践阶段，没有向更高阶段努力的意识和愿望。

在我看来，教师在课堂教学上的渐进成熟可以分为三个阶段：我在上课，我在上什么样的课，我为什么要这样上课。

02

第一阶段，我在上课。新教师走上工作岗位之后，学校往往会为其安排一位优秀教师做师傅，帮助新教师开展教学活动。同时，学校还会借助一系列帮扶活动促进新教师尽快在课堂上站住脚，顺利成为一名合格的学科教师。而当新教师成为可以独当一面的成熟教师后，学校对教师课堂教学能力的关注就会减弱。这个时候，教师的课堂教学开始走上自我管理阶段。在理想状态下,"我在上课"阶段包括青年教师的适应期、渐进成熟期和成熟初期,是青年教师从懵懂到明晰"怎么做"的成长期。从理论上说,这个时期的教师在经过短暂的成熟期磨砺后,就应该进入第二个阶段的探索,逐渐形成个人的教学风格。但是,当教学实践成为全凭自觉的个人修为后,大多数教师的教学行为就可能沦为重复和沿袭,从而导致教学能力的停滞不前和教学水平的主动固化。从现实情况来看,大多数教师可能会长期处在"我在上课"的阶段,主动放弃对课堂教学的探索。

第二阶段,我在上什么样的课。在这一阶段,教师已经有了丰富的课堂教学实践,能够轻松驾驭、调控课堂教学,教学经验成熟而有效。此时,教师可能会萌发自我探索意识,开始留意、审视和觉察个人课堂教学的通常路径,并在反复揣摩、梳理和锤炼的基础上,找到自己的风格和特色。此时,教师的课堂教学已经突破大多数人的水平,与习以为常的课堂教学相比有着明显的独特性。这个时候,教师通常会特别在意自己的个性,并会在个性的发展与提升上倾注更多的精力,促使个性生长为特色,最终形成与众不同的、带有个人烙印的风格。如此,教师就可以明确地知道自己在上什么样的课,可以对自己的课进行内涵上的解释和实践上的解读,并通过特色的彰显来说明"是什么"——我的课是什么,与别人的课的不同点是什么,实施与开展的策略是什么。这一阶段的教师,已经摆脱了教学实用主义和功利追求,"我是谁"的自我确认是其最为显著的特点。

第三阶段,我为什么要这样上课。教师教学风格的形成往往会经历较长的探索期,基本模式确立之后还要有一段实践完善期,才有可能促使教学风格慢慢稳定为教学气质。至此,教师会尝试进入理论建构阶段,也就是要理性探讨"为什么"的问题。在这个阶段,教师有可能会重新审视个人的教学实践及教学风格，去揭示教学行动背后的意义和哲学，从而更加坚定地坚守教学特色的努力。实践证明，"为什么"的哲学思考绝非为了完成教学理念的体系构建，其更加深邃的价值在于帮助教师发现个体教育实践的非功利意义，唤醒教师主动探索、自觉作为的意识，激发教师开展教学变革的勇气。简单地说，这一阶段就是教师在对"为什么"的持续追问中，筑起教育理念和教育情怀。

03

课堂教学作为一种教育实践活动，对教师的成长具有十分重要的作用。当教师的课堂教学实践能够实现"怎么做——是什么——为什么"的递进式发展时，教师才有可能实现由经验型名师到学者型名师的突破，教师的专业发展也才有可能持续、有效地进行。而课堂教学能力在任何一个阶段的主动固化，都是导致教师自甘平庸、自我矮化的错误选择。

第二辑

相信人生的另外一种守恒

  九十岁的内山先生始终守着并不赚钱的小店，卖着可有可无的几件商品，只是因为有一位顾客把包落在了店里，他有可能会回来寻找。我一直在，只因为你可能会来。你看，人生中最值得的努力莫过于：守着情怀，赢了时光。

情怀是一种无须隐忍的前行

扫码听书

浏览博文时,我经常会读到一些有意思的文章,也可以读到一些有意义的文章。当把其中内容相关的文章放在一起时,留给我们思考的空间往往会很大。比如,我刚刚读过的这两篇,就是如此。

01

这是一位小学老师写的《我的一天》,算得上是对日常一天的简单记录。

> 早上6点醒来,洗刷,做饭,吃饭。
> 7:30,签到上班,组织早读。
> 8:10—9:00,组织学生国庆活动。
> 9:10—10:50,上课。
> 11:00—11:40,录入月考成绩。
> 11:40—13:00,组织学生吃饭、值日,整理班级材料和文

件，打印教务材料。

13：00—13：40，协助政教处检查学校卫生。

13：40—14：40，打印材料，批改作业，跟操，处理学生问题，报修窗帘。

14：40—15：20，上课。

15：20—16：00，布置作业，发材料，督促指导学生值日、排队。

16：00—16：20，送路队。

16：20—16：40，填写材料。

16：40—17：30，学校开会。

17：30，放学。

在这些文字的后面，这位老师还专门强调了一点："在平时，我一天要上四五节课，这一天我只上了三节课，却依然一刻不停地忙到了最后。"我相信，这位老师列出的这一天肯定不是他最忙碌的一天；我更相信，每一位老师都会感同身受，甚至有着比他更加不堪的劳累与付出。

看到这个时间列表，你想到的是什么？

02

很偶然的机会，我读到了安徽董艳老师写的一篇年度总结《这一年，我们自然生长》，确切地说是年度叙事。她用了九千多字，理性而温情地叙述了一年中的行走、努力和坚持。她说："这一年，读写思行里，我自然呼吸；这一年，课程研发中，孩子们自然发展；这一年,相遇最美,我们自然共处。"概括起来说,她一年中所做的事情无非就是:读写思行、课程研发和师生(家校)关系的研究。

谈阅读,董老师这样说:"这一年,开启了主题式阅读,晨起借'为你诵读'平台诵读诗歌并录音;午后阅读名著,继续中外互文的方式,和孩子们共读《夏洛的网》等儿童文学著作十二本,和老师们共读《教育漫话》等专业书籍十二本,自由阅读《小学语文课程与教学论》等学科书籍十二本;夜色品读'国学堂''哲学园'等微信公众号;忙家务,聆听荔枝有声书。"

谈写作,董老师如是说:"用文字雕刻时光,不写不寝,深入夜色,我继续着主题式书写:周一携一颗心做教育,写教育叙事;周二吟一首诗给孩子,写儿童诗;周三带一本书进教室,写教学叙事;周四雕一篇文入生活,写生活随笔;周五寄一片情给乡土,写课程叙事;周六留一点思给自己,写读书笔记;周日捧一点爱给小墨,写亲子叙事。边读边写,边教边写,师生共写,生活书写,亲子共写……"

我们不用再去查看她一年之中在全国各地的讲座、授课和学习,也不用再细读她开发的一系列乡土课程,也不需要再去了解她与学生、与家长的美好相遇。单就读书和写作这两点,我们是不是就应该有许多感慨?难道董艳老师不需要上课吗?董艳老师没有教师本职工作之外的额外负担吗?

其实,董艳老师像我们一样,是一个忙碌着的一线教师。小学语文教师、班主任和学校的教研工作,这是董老师分内的工作;人大代表、新教育实验区域负责人和琐碎的兼职,这是董老师分外的工作。这些工作叠加在一个人的身上,她的一天该有多么忙碌!

那么,看过董老师的文字,你想到的又是什么呢?

03

如果让你回忆一下自己一天之中所做的事情，出现在你的脑海里的又会是什么呢？

如果只是上了多少课，批改了多少作业，管理了多少学生，那么你只是在工作，与成长还相距甚远。

如果忘记了上课的辛苦，抹掉了劳累的心酸，记下了读过的书、写过的字和交往过的人，那么你是在生活，是在一点点地成长。

显然，前面提到的两位老师都面临紧张到喘不过气来的匆忙，也都会有苦闷烦躁的焦虑不安。只不过，前者只记住了辛苦和劳累，而后者则记住了收获和欣喜。

可能前面提到的两位老师本来就不同。一个只是上课、备课、批改作业和管理学生，另一个除此之外还在读书、写作与研究。

其实，我最愿意去思考的，就是董艳老师的不可思议之处：她在我们公认的忙碌之外，于时间的缝隙里做了那么多额外的事情，那么支撑她的会是什么呢？

教师职业本就平淡无奇，教育生活中大多是琐碎而无味的忙碌。在这种境遇之下，大多数老师会选择随波逐流，抑或是疲于应付，终是一种隐忍着的无奈接受。这种压抑之下的劳作，最终会导致教育生活品相粗劣，成为一种与机械操作无异的简单劳动。

其实，对于教师来说，一定要找到一种能够代替隐忍的东西，这东西可以支撑你从碌碌无为到有所追寻，可以让你的心境从百无聊赖到澄澈清明，也可以帮助你拥有一场心无旁骛、没有牵绊的行走。

我想，这应该是情怀，一份无须隐忍的坦荡。

你曾经把一件事坚持过多久

扫码听书

我说过,情怀是一种无须隐忍的前行。

这句话,听起来似乎不好理解,所以我想用下面两件小事把它解释得更清楚一些。

01

最近,有位比较有名的小学老师辞职,推送了一篇公众号文章。在文章里,她历数了自己做教师期间的种种辛劳与不堪,其中最令人唏嘘的是她"近二十年教龄,工资却仅两千多元钱"的微薄待遇。也许是因为这篇文章恰好戳中了教师群体的痛点,文章一推送就引发了教师群体的纷纷转载和激烈评论。

因为这篇文章涉及的地区有我的一位朋友,我便把文章链接发给他,想求证一下文中提到的"2600元钱的工资"是否属实。朋友回复说,当地的工资水平差不多就是如此。联想到前段时间我去那个地区讲课时见到的几所学校,破旧的校舍、十分落后的办公条件,我忽然替朋友不甘心。

我的这位朋友是一个很求上进的高中教师，年纪轻轻就颇有些成就。于是，我便告诉他，趁着年轻好好成长，找个机会去一些经济发达地区发展。为了鼓励他，我还给他讲了许多人的成功案例，告诉他一个人如何借助自己的成长获得更好的发展平台。朋友听完后，很坦然地告诉我："我会努力成长，但我不会离开。我想让自己不断强大，以便有能力帮助这里的孩子获得更美好的未来，他们或许更加需要我。"他的一席话让我感到惭愧。当这些似乎只能在师德演讲中才能听到的语言，出现在我与朋友间的聊天中时，这种真实带来的冲击力足以震撼我几近倦怠的内心。

第二天，他发了一篇美文，我想撷取其中的几句话送给大家：

周围人说，老师真小气，你们这个群体一身小架儿！我说，如果我做得不够好，请说我，别说我们这个群体。因为我的工资当时只有一千二，还没发。

我们的校园旧、乱、差，透着一些土气，但它正在逐渐变好。有春天的小花与嫩草，有夏天的树荫与凉爽，有秋天的桂花与落叶，有冬天的白雪与浪漫。

我们贫穷，我们还要养家。可是那又怎样呢？我拥有学生们的爱，即使这爱会随着他们的离开逐渐消淡，记忆逐渐模糊。可那又怎样呢？他们的生命中，有我陪伴的三年，这已经足够令我欣慰了。

我不会离开他们，我不会离开我的这个贫穷的学校。

其实，当工作环境不足以支撑自己的成长时，凭借自己的努力去寻找更好的发展空间，这是人生的常态，甚至可以算是某种意义上的成功。近几年来，出于各种原因做出"更利于自我发展"选择的老师越来越多，他们的退出或离开均受到了社会的理解和尊重。所谓的"人往高处走"，不仅是一条被人们完全认可和普遍遵循的生活法则，更是激励个体奋力前行的根本动力。所以，当机会来临时，我们通常会理所当然地去接受，或者自然而然地去追求。

当一个人可以做出更利于自己的选择时，却做出了更有利于他人的选择，这是崇高。倘若一个人在做出崇高选择时却感觉不到自己的崇高，也没有任何忍辱负重的悲壮和勉强，这应该就是情怀。

02

我把上面这件事讲给叙事者团队负责阅读项目的王洪梅老师听，问她还可以从哪个角度来解释"情怀"两个字。

她说，暑假期间，我们通过网络投票确定共读书目，得到了很多优秀教师的响应和支持。在公布候选图书资料时，需要同时公布领读者提供的个人资料和对图书的内容介绍，以便让其他人了解所推荐图书的基本情况。当她和这些领读者联系时，几乎所有的领读者都一口答应，并且很快提供了所需材料。有个别领读者当时正在路上或者忙碌中，也都会明确地回复一个精确的时间，之后准时把材料反馈过来。当时，有两位领读者所提供的书目已经共读过，需要临时更换推荐图书及资料。当她很不好意思地向这两位老师提出请求时，他们毫不犹豫地答应，并以最快的速度重新提交了相关资料。

她说，你看，"叙事者"就是一个民间团队，为团队做领读既没有什么报酬，也得不到什么荣誉，他们却这么积极踊跃地参与，毫不计较地付出，这是为什么？相反，在体制下的单位里，许多管理者却要费尽气力地去约束、监督成员履行基本的岗位职责，不遗余力地拖拽着成员往前走。倘若管理者发出岗位职责以外的号召，不借助权力手段，就很少有人去响应与附和。这又是为什么？

　　她的两个"为什么"值得我们思考。倘若我们把一件事情当作养家糊口的工作来做，肯定会努力，也会千方百计地去做好，但这份努力里有太多的隐忍和无奈。而如果我们把一件事情当作自己热爱的事业来经营，往往就不会去计较得失，也不大会去权衡利弊。可能喜欢了，便会坦坦荡荡地行走，心无旁骛地付出。

　　这种把付出当作幸运、把劳作当成幸福的执念，其实也是一种情怀。

03

　　世界"成功学之父"拿破仑·希尔写过一本书叫《为什么成功的路上不拥挤》。因为这本书，"成功路上并不拥挤，因为坚持的人不多"一度成为金句，广为流传。为什么这句话能够流行起来？大概是因为，从这句话里我们看到了自己，读到了每个人心里最为脆弱的部分——我也没有坚持下来。也就是说，它恰到好处地戳中了我们的普遍弱点。

　　也许，很多人失败并不是因为没有天赋，而是因为没有坚持，或者坚持得不够久。最近，很多人津津乐道于"煮夫"的故事：一位大众食堂的掌门人，经历磨难只为追求心中的坚持，五十年坚持煮一碗饭，最终成为"煮饭仙人"，并将米饭文化远播海外。你看，如果一个人能够心无旁骛地去做一件事，一年两年或许不会有什么收获，但十年八年后肯定会有所成就。倘若坚持二十年三十年，那些吃过的苦，流过的汗，肯定会在某一天以奇迹的形式突然降临。

　　那么，当一个人感觉整个世界都对不起自己时，反而应该好好地问一问自己：我曾经把一件事坚持过多久？

对情怀总有着隐约的崇高感

扫码听书

在我看来,那些标榜为忍辱负重的前行都算不上情怀。为了更清晰地表达这一观点,在本文中我用几件小事进一步阐释情怀的本质——毫无怨言地接受,心甘情愿地努力。

当然,这也只能算是情怀的底线。

01

以下是一位农村小学教师写给市教研员的信,我节选了部分内容分享给大家。

尊敬的刘老师,您好!昨晚,我的心里总是有两种声音在不停地斗争着:接受任务,迎接挑战,塑造一个更好的自己;放弃任务,继续修炼,静下心来塑造更好的自己。最终,我告诉自己——董艳,你还不适合接受这次任务。

首先,我觉得自己还没有资格接受这个任务。这次活动是名师研讨，可我从不认为自己是什么"名师"。我一直喜欢语文教学，也爱琢磨语文教学，但我的能力真的有限。我的教学履历中，出现次数最多的是县一级的教坛新星、优质课。2012年，我参加过一次省级比赛，也获得了奖励，可为了比赛而进行的十几场磨课让我心有余悸。这就意味着，我并没有能力做好这个市级公开课。

其次，一旦接受这个任务，我将走上磨课的道路。可我一个农村教师，无法在一个月的时间里，完全放下一个班孩子的学习任务，心无旁骛地进行磨课，这是我的内心所不允许的。一边是我的一纸荣誉，一边是孩子们的成长，两相比较，我能够舍弃的只能是我了。

……

以上会将我的自信心消磨殆尽。即使勉强接受下来，我也会心有余悸。一个没有自信心的教师走上讲台，注定会上一节不成功的课。这是我不想要的。

我已经想好了，明年，我将接手一年级语文教学，那时部编教材已经全部铺开了，我会归零，重新开始，借助部编教材的教学，不断教研，以研促教，锤炼我的语文教学能力，为语文教育服务，这个打算从部编教材启用起，就已经在我的头脑中酝酿了。

谢谢您对我的信任！我会继续努力，尽力不辜负大家对我的期望。祝安好！

写这封信的老师叫董艳，是安徽省的一位乡村教师，新教育实验的十大榜样教师，她的乡土课程在当地及新教育实验区均产生了巨大的影响。也正因此，市教研员让她在即将到来的市级名师研讨活动中开一节公开课,而她选择了拒绝。拒绝的理由有很多,列举出来的这两条让我颇为感动:一是自认为不够名师资格,二是不想为了自己的利益损害学生的利益。我们都知道,市级公开课举行完,不管质量如何肯定会得到一张市级公开课证书,这正是教师最现实、最真实的利益,也是众人趋之若鹜、梦寐以求的"好事",很少有人会因为自感资格不够而拒绝,更鲜有人会因忧虑耽误学生的学业而放弃。

这只是其一。最让我心生敬畏的,是董老师对教师成长和名师身份的诠释。她追求教育实践中的真实成长,从不在乎荣誉证书带来的光鲜荣耀。越仔细读她的文章,就越能体会她在乡村教育行走中的纯粹和坚守。她曾经有机会离开偏僻的乡村,有机会到更好的平台上追寻教育的梦想。无一例外地,她选择了拒绝。只为了心中的憧憬去行走,而不以功利的得失为行为准则。这样的品质,又何尝不是一种情怀呢?

02

有一个小县,贫穷且僻远,政府却很重视教育,教育局更是关注教师成长。

多年前,这个县就成立了好几个名师工作室,均由特级教师领衔,其成员也都是省市一级的教学骨干。教育局对这些名师工作室充满了信心,期望通过汇聚全县的教育精英来打造特色品牌,提升区域教育品质。可好几年过去了,各工作室在轰轰烈烈的挂牌仪式结束后就再也没有了声息。召集这些工作室的主持人座谈,在谈到几年都不开展研究活动时,主持人们纷纷抱怨自己不是行政领导,无权要求成员放下工作来参加工作室活动,并特别强调教师的日常工作繁重。言外之意,老师们的工作量已经很大,工作室的活动开展必须在工作日进行，无疑会给老师带来额外负担。

听到这些，我心里隐隐有些不安，想起了一些教师自发组织起来的小团队。时下，你只要稍稍留意，就会发现身边有很多读书、写作、书法等方面的民间组织。它们大都由有共同爱好的老师组成，组织者和成员并非什么名师大家，多是一些普普通通的一线教师。往往是，一个人喜欢读书，又遇到几个志同道合者，便相约聚在一起分享读书之乐，读书团队由此而生。这样的纯民间组织，无人支持、无人管理，却生命力极强，三五人的小圈子几年之内就可以成为几十人的大组织。最重要的是，这样的团队组织活动，从来不会在工作时间进行，完全是利用周末、节假日和下班之后的业余时间。更何况，与官方的名师工作室不同，他们做这一切绝对没有任何行政奖励，在外人看来完全是无用之举。那么，他们为什么可以在工作时间之外参加活动？

那些执着到执拗的努力，那些理所当然之外的付出，小心翼翼地维护着生存之外的追求。这，更是一种真正意义上的情怀。

03

这似乎是一个羞于谈情怀的时代。

每每有人谈及情怀，总会为人所不齿。轻者，往往会被认为哗众取宠，被视为虚伪之人；重者，往往会被孤立，被视为怪物。但是，情怀却又那么具体而真实地存在着。因为无论现实多么纷繁，总有那么一些人始终守着自己的世界，不以物喜，不以己悲，淡泊而坦然，单纯地过着向上的日子。

于此，我的心里对它总有着隐约的崇敬。

那些咬着牙坚持下来的努力

扫码听书

王老师,我有困惑求开解。这个学期,学校安排我兼职做政务员,除了上课,还要在政务处忙忙碌碌地干杂活:检查卫生、整理档案、提交报表……都是些毫无意义的琐碎之事。每天都感到很累,却又体验不到一丝一毫的成就感。你说,我接下来应该怎么做?

这是一位年轻教师的留言。他所谈及的困惑,肯定不是个案。

01

现如今,中小学校的管理事务越来越多,仅有的学校干部根本忙不过来,于是众多"员"便应运而生——政务处有政务员,教务处有教务员,德育处有德育员。这些"员"都不是正式的学校干部,只是在学校各个科室做些具体的事务性工作,辅助中层干部开展工作;他们也不是专职人员,大都是在满工作量的情况下,额外兼职做这些工作。所以,这是一个很特殊的群体,比纯粹的一线教师担负得更多,也更累,却又享受不到学校干部的待遇。

我也做过这份工作,所以深有感触。

那时候，我刚刚调到新的单位工作。新单位是九年一贯制学校，初中部相对比较薄弱，教师比较少，管理人员更少，只有一位教务主任负责整体工作。所以，进入新学校不久，我便被安排到教务处，协助教务主任做一些具体事务。就像这位年轻教师所说，干的就是跑腿的活儿，除了受累基本没有什么"好处"。最初的时候，我有些排斥，希望能够单纯地做好数学老师和班主任，便向教务主任提出了自己的想法。当时的教务主任姓陈，是个做事不紧不慢超级稳重的人。陈主任听完我的话，笑眯眯地对我说："小王啊！你好好想想，这个世界上哪有白干的活儿呢？"

我至今不能很确切地理解陈主任的意思，但他的一番话却让我的心态一下子有了转向。如果单纯地看这些工作的表面价值，似乎只是帮助学校完成了需要完成的任务，于自己而言委实没有什么实际收益，这也是这些工作容易让人厌倦和懈怠的主要原因。那么，这些工作真的对自己没有任何意义吗？这些活儿真的是在白干吗？我们可不可以换一个角度去想问题呢？检查班级卫生和纪律，你可以发现其他班主任的管理绝活，可以在对照与修正中完善自己的班级管理；整理材料报表，不仅可以了解到更多的教育信息，更可以锤炼自己细致耐心的工作态度……想法变了，心态就变了，工作起来自然就没了怨言和牢骚。

可以说，那一段时间的兼职工作，对我个人教育实践和人生观念的形成都有很大的帮助，一些有助于当下发展的工作能力，也大都源于那段时间的劳累和付出。

02

倘若我的经历过于琐碎，那么下面这个故事所表达的或许就更加清晰。

我们来看看著名歌手罗大佑的人生经历。1954年7月20日,罗大佑出生在台北的一个医学世家,他的家世在各种访谈中不断被提及:爸爸、哥哥是医生,妈妈是护士,姐姐是药剂师。作为医家子弟,他学医七年、从医两年,从十八岁起便由父亲手把手地教"开刀"。按理说,做医生才是他最容易出彩的人生道路,可他却"花了十年时间做家里人的工作",希望他们支持自己走音乐之路。最终,他正式放弃从医,彻底成为一名歌手。

有朋友曾对罗大佑说,你花这么多时间学医、从医,却没有继续走下去,实在有些可惜。罗大佑却不这样看,他在一篇怀念父亲的文章中写道:"医科是严谨科学,对我后来写歌、做音乐,乃至为人处世,都有莫大影响。"他曾给父母写过一封长信,感谢他们在医学方面对自己的栽培,并坚定地认为学医的这段经历一定会给自己带来额外的收益。成名后,他在向音乐系学生传授写歌技巧时曾说:"因为担任过实习医生,我体会到了生命的坚强和脆弱,不同的生命阶段有不一样的感受,进而创作出不同的作品。创作就像在面对生命。"

在很多人看来,一个人如果在一件事情上花费了颇多精力,却又没有在这件事情上深入地做下去,那么前期的付出就会成为一种浪费。而事实上,你所做的一切都会有所积淀,都会在生命中留下痕迹,都有可能在另一个地方成全你。只不过,这种成全未必会立马实现,也未必可以直观和直视。大多时候,它会隐匿在你获取成功的诸多因素之中。

03

在物理学中,有一个能量守恒定律。大概的意思是说,能量既不会凭空产生,也不会凭空消失,只能从一个物体传递到另一个物体,而且能量的形式可以互相转换。能量守恒定律科学地阐明了运动不灭的观点,成为自然科学中最基本的定律之一。

那么,在我们的人生中是不是也存在着这样一种规律:那些咬着牙坚持下来的努力,那些看不见回报的种种付出,都会在某个悄然不觉的时刻,被以静默的方式兑换成厚重的礼物,然后赐予我们。

如此,这是不是人生的另外一种守恒呢?

努力也是有品质的

扫码听书

经常会听到年轻教师抱怨：我明明付出了很多努力，为什么最终仍然归于平淡？很明显，我们容易把努力和成功关联在一起，并坚定不移地相信所有的努力都会有收获。其实，那些只是看起来很努力的付出，未必能够带来我们所期望的附加值。

01

小 A 是个语文老师，已经工作六年。六年的时间，让他逐渐从新手教师成为一个成熟教师，慢慢就有了成为名师的念头。他是一个很有上进心的人，接受新事物的能力也很强，对一切新鲜的教育实验都抱有浓厚的兴趣。

一次外出学习，他听了一场关于主题阅读的讲座，心里便有了试一试的想法。回来后，他马上着手在班里开展主题阅读实践，也摸索出了一些行之有效的做法。日子过了一天又一天，关于主题阅读的兴趣慢慢淡了下来，他开始感觉到前所未有的"寂寞"——做了这么久，怎么没有什么收获呢？连个关注自己的人也没有。就在这时，他偶然读到了一篇介绍作文教学改革的文章，便萌生了进行作文教学创新的想法，并很快付诸实施；后来，他又把注意力转移到了绘本课程教学领域；再后来，他又开始在智慧课堂上下功夫。就这样，三四年的时间，他在不同的领域频频进行尝试，付出的劳动比同事多出很多。但是，这种看起来很勤奋的行动，却没有给他带来什么明显的收获。

这很容易让人想起一幅漫画：画面上有一个人想要挖一口井，可是在挖了深浅不一的五个坑之后，便断定"这下面没水"，然后决定"换个地方再挖"。难道地下真的无水吗？其实，土层的下面，清澈的地下水正静静流淌。更令人感到可惜的是，有的坑离水面只有咫尺之遥，只要再坚持一下，挖井人就能如愿以偿。遗憾的是，挖井人就在成功的边上选择了放弃。浅尝辄止，没有明确的方向和路径，应该是挖井人失败的原因。

当然，小A的不成功也在于此。一个不知道坚守的人，往往很难获得实实在在的成功。

02

那么，是不是坚持了，坚守了，就一定会成功呢？

小B有坚持写日记的习惯，每天晚上睡觉前必定要记录一下当天的事情。这个习惯，他坚持了很多年，留下的日记本有厚厚的一大摞。有一次，我在他所在的城市与老师们探讨写作的话题。他在现场，并认真听了整个交流过程。互动的时候，他谈了很多，大概的意思是：我写了这么多年日记，为什么没有发生所谓的成长呢？

在接下来的对话中，我了解到了他的写作习惯：简单记录，如实书写，流水账一般记下一天中发生的大事小情，既没有对事件的梳理，也没有对问题的反思。也就是说，这么多年来，他始终在用一种无须思考的方式记录，从未想过做任何变更与改变。

其实，类似的事情还有很多。在与学校领导交流的时候，我经常会听到诸如"有的老师备课本一用十年"的感慨，以及"班级管理制度十年不变"的叹息。时代在发展，教育在巨变，如果我们把十年前的教育实践沿袭到今天，那么这份坚守很可能就是一桩罪孽。从这个角度来说，并不是所有的坚持都有意义，也并非所有的坚守都能造就成功。

通常，我们会用"水滴石穿"来表达坚持的价值。我倒是觉得，"水滴石穿"未必是最理想的坚持方式。真正有价值的坚持，应该是在坚持中不断地修正和完善，甚至是进行局部的调整和改变。所以，简单重复，没有不断递进的改变和精进，应该是小 B 没有获得成长的原因之一。

毫无疑问，那种在一个水平面上的坚持，只是重复劳作的翻版，自然很难造就成功。

03

小 C 的情况与前面两个人的都不一样。

在所有领导的眼里，小 C 是一个很勤奋的年轻人，不仅身兼数职，还擅长处理各种人际关系。领导交给他的任务，不管多繁重，他都可以在规定的时间内圆满完成。因此，小 C 很快被提拔为学校中层干部，成了学校里很被看重的人物。慢慢地，周围的同事发现小 C 变了，变得没有以前那么卖力，也失去了曾经的那份激情。就在大家疑惑不解的时候，小C酒后吐真言，不仅发泄了自己一直看校长脸色行事的压抑，还表达了对被人吆来喝去的不满。原来，他所有的努力和勤奋，并非源于发自内心的热爱，而是对领导的一种迎合，对生存环境的一种妥协。

我想，教师的成长不仅需要外力驱动，更需要内生力量的支撑。也许，在起步阶段，外力可以成为推动一个人前行的力量，但能够帮助一个人走远的，必定还是那种源自内心的主动和自觉。任何一个人，如果他的成长与充实得不到内心认可，就无法抗拒外在的简单与荒诞。可以说，一个人成长程度的高低，取决于是主动成长还是被动成长。

如此，并非所有的努力都会迎来鲜花盛开的绚烂。努力也是有品质的，比如，明确的行走方向、不断递进的坚持、源自内心的自觉。这样的努力，才能让成功成为可能。

只有理想不会死

扫码听书

朋友告诉我,今天是立冬。这意味着冬天来了。

此刻,外面的一切似乎都很应景,淅淅沥沥的秋雨,透着寒意的秋风,天真的愈加冷了。看来,节气不会糊弄人,到了怎样的季节,也就有了怎样的日子。

我打开一盏浅浅的台灯,泡了一杯淡淡的红茶,把这季节的道理一点点透进了生命里。

01

三十岁之前,我以为自己努力的样子很感人。

因为有过赋闲两年的经历,我似乎比别人更加渴望证明自己。那时,我还和父母生活在一起,住在距离学校近十里地的村子里。孩子由父母帮忙带着,拼起命来也就更加肆无忌惮。每天,我都是第一个到学校,比那些住在学校家属院的老师都要早到很多。然后,我会站在教室门口等学生,看着他们一个个睡眼惺忪地迈进教室。每天,当别班的学生还稀稀拉拉走在校园的梧桐树下时,我们班的学生早已开始了晨读。在很长一段时间里,我一直以为这就是敬业,这就是奉献,以至于时时被自己感动。

这还不够,我担心学生贪玩,会在课间无限制地放纵,会在其他老师的课堂上偷懒,于是,在教室里给自己安了一张桌子,开始在教室里办公,把全班同学牢牢控制在自己的眼皮子底下。果然,这样的做法效果很明显,班级纪律好得有些过分,就连最挑剔的分管校长都赞不绝口。任课教师也都很满意,人前背后总夸我们班纪律好,在我们班上课省心。这让我很满意,也很自豪,也就更加卖力地守护自己的班级,管理班里的每一个学生,甚至掌控了班里飘荡着的空气。

我很在乎每一次考试,总是希望自己的班级成绩遥遥领先,所以考试前我都会焦虑不安,考试的那段时间一直忐忑不安。我很注重每一次班级考评,哪怕是半分的差距,我也会认真找出原因,责令丢分的学生下一次必须加倍补偿。所以,我们班的成绩总是名列前茅。我记得很清楚,当自己半路接手的那个没人要的班级在中考中大放异彩时,学校领导都很好奇我用了什么样的魔法。

其实,我始终是一个不受领导待见的人。不善沟通,更不会溜须拍马,在那个干得好不如说得好的环境里,我被边缘化是合乎常理的事情。但是,即使如此,在一些会议上,领导还是会夸上几句,大概就是因为我们班的成绩通常可以作为榜样。这就更加坚定了我"靠本事吃饭"的信念——既然不愿意去讨好领导,那就一心一意把班级成绩搞好。

因为,在这个世界上活着,你必得有一样东西能够拿得出手!

02

三十岁后,我开始怀疑自己的努力。

又是一届中考,突出的中考成绩让我在那个小镇上名声大振。很多家长都知道,在那所学校里有一个教学成绩极好的老师,有一个班级管理很严格的班主任,也就想方设法把自己的孩子送进我的班级。1999年,我开始带七年级,这个年级当时有二十四个班,每个班大概有五十五或五十六人;八年级的时候,我的班级人数达到了八十多人;九年级时,我班的人数突破一百,成为一个超级大班。多出来的近一倍的学生,都是家长通过各种关系找到学校领导,然后由学校硬塞进班里来的"加塞生"。我列举这一组数据,是想告诉老师们这样一个道理:如果你只是希望自己成为一个在考试成绩上获得成功的人,那么这并不困难,你只需要像我一样竭尽全力地去拼命即可。

这一届学生毕业时,中考成绩毫无悬念地异常惊人。然后,我就肩负起了更为重要的责任——连续带毕业班。每年一届,短暂而频繁。我带毕业班分为两个阶段,一开始是复读班,由中考失败的学生组合而成,带过六届以后政策不允许再招复读生,然后便是无休止地接手别人带到八年级的"孬班",充当救火队长的角色。而我就是在带第一个复读班时,开始怀疑自己的种种努力的。2002年,学校开始招收复读生,我顺理成章地成了复读班的班主任。面对着教室里一双双倦怠而哀怨的眼睛,我暗暗地想:如果一年之后不能让这些失败者成为成功者,我就会从一个成功者变成失败者。于是,管理由严格变成了苛刻,学生在校的时间被无限拉长。

就在我激情豪迈地驱赶着这些复读生拼命往前赶时,小Z的出现击垮了我的自信。小 Z 是从城里的学校转来复读的，不仅桀骜不驯还无比慵懒，再加上介绍他来的亲戚是个学校领导，他就更加肆无忌惮。当他又一次不做作业时，我决定给他一个下马威，在课堂上厉声要求他放学后留在教室里补作业，我将全程监督到底。然后，下面的对话让我终生难忘：

"别人都夸你教学成绩多么好，我发现你其实也没有什么真本事，不过就是狠一点、卖命一点罢了！"他一脸不屑，恨恨地说。

"你有本事为什么到这里来复习？"我近乎恼羞成怒，反唇相讥。

"真有本事的老师不会靠压榨学生来提高成绩，你能让我们玩着玩着就考满分才叫真本事。"他不接我的茬，仍然继续挑衅。

"我起早贪黑地教你们，你竟然说我压榨你们？"我被彻底激怒了，拍着桌子大吼。

"你不就是通过压榨我们来抬高自己吗？你不就是用我们的分数来证明自己厉害吗？"

……

那个下午，我一个人呆坐了许久，有两个问题一直在脑子里萦绕：我所有的努力到底是为了学生还是为了自己？分数到底可不可以通过更加轻松的方式来获得？

那年的那个下午，应该是我教育人生的分水岭。在此之前，我只知道拼命向前，鲁莽而不知停歇；在此之后，我开始试着与自己对话，开始摸索着为教育做些"减法"。

03

都说"四十不惑",我倒是觉得四十惑最多。

从三十到四十,这十年是我写作的高产期,也是旺盛期。为什么?其实,写作不过是我的一个出口,是我在以文字的方式去厘清一个个问题和困惑。在最初的时候,我感觉文字真的可以帮助自己找到很多答案,所以也就愈加勤奋地去追问、去思考,然后借助文字一点点地把问题梳理清楚。可是后来,随着写作的深入,困惑越来越多,越写越无法理解那些纠缠不清的东西。也许,这是到了思考的高原,再往上就会有窒息感。就像长跑,总会有个极限点等着你去突破。而我以为,四十就是这样一个极限点。那么,我们就可以这样去理解"四十不惑":人生的困惑如果是一个开口向下的抛物线,那么四十就该是抛物线的顶点,既是最高值,也是开始减少的起点。

这么多年来,我一直在寻找自己,推翻自己,打碎自己。每一次找到都会伴着惊喜,每一次推翻都会痛苦不堪,每一次打碎也都意味着疼痛中的新生。我很庆幸,没有在看不到希望的时候选择放弃,也没有在接近溃败的时候选择逃离。几年的沉潜,让我离抛物线的顶点越来越远,成长方向也越来越清晰。在奔向五十岁的路上,叙事教育的理念渐次清晰,实践上的成熟和理论上的完善让我一步步接近了理想——做好我的叙事教育。

有一个很励志的故事:老鹰是世界上寿命最长的鸟类,它的年龄可达七十岁。要活到那么大的年纪,它在四十岁的时候,必须做出艰难而重要的决定。当老鹰活到四十岁的时候,它的爪子开始老化,无法有效地抓住猎物;它的喙变得又长又弯,几乎碰到胸脯;它的羽毛长得又浓又厚,翅膀变得十分沉重,此时飞翔变得非常吃力。此时,它只有两种选择:等死或经历一个万分痛苦的更新过程——一百五十天漫长的蜕变。首先,它必须尽全力飞到山顶,在悬崖边筑巢,停留在那里不能飞翔。老鹰首先用它的喙击打岩石,直到喙完全脱落,然后静静地等待新的喙长出来。它会用新长出的喙把趾甲一个一个地拔掉,当新的趾甲长出来后,它会再把羽毛一根一根地拔掉。历经漫长的一百多天以后,新的羽毛长出来了,老鹰又开始了飞翔,它获得了再活三十年的生命。

  从这个故事出现开始,就一直有人持反对意见,认为这有悖生物科学。我倒是觉得既然是故事,是否具有科学性并不重要,重要的是它可以激励我们不断地去改变自己,并坚定地相信:理想不死。

总是落在生活的后面

扫码听书

人生之中,总是会有一些细小的东西,在人生的不同角落里散发着不一样的气息。这些气息,味道不同,却又不可或缺。

01

我读高中时,高中招生并不是现在的样子。

那时候,高中阶段的学校分为城市高中和农村高中。城市高中以招收城市户口的学生为主,农村高中招收的全部是农村户口的学生。在当时的考试制度下,城市高中为了招揽尖子生,会拿出极其稀罕的招生名额给农村学生。这也就意味着,只有极个别成绩特别突出的农村孩子,可以在指标范围内进入城市高中。因为这样的名额极少,所以城市高中里的农村学生成了稀罕物。也正因此,那时的城市高中一般不会有专门的学生宿舍,大都是将废弃的教室简单改造后作为农村学生住宿的地方。还有一个比较特别的现象,那就是学校的食堂午饭比较丰盛,晚饭则寒酸得多。原因很简单,城里的学生往往只在学校吃一顿午饭，较少有人在学校吃晚饭。吃饭的人少，农村学生的购买力又不足，所以傍晚的食堂就显得冷冷清清。

我就是那为数不多的农村学生之一。只不过，我的午饭和晚饭都很少到食堂里去买，大多数时候是吃"自备餐"。我的"自备餐"通常是一大包地瓜煎饼，然后配上咸菜疙瘩。比较奢侈的时候，咸菜疙瘩会被切成细丝，用少量食用油炒一炒，凉透了放进空罐头瓶子里，这算是用来打牙祭的高档菜品。因为煎饼和咸菜都是比较耐放置的东西，适合长期存放，所以像我一样的农村学生大都以此为主要食物。春、秋、冬三季，周末回家要带上够一周吃的量；夏天就只能带个三四天的量，剩下的一两天才会去吃食堂。也就是在夏天吃食堂的日子里，我吃到了城里人才能吃上的饭菜。

食堂不大，菜品也很少，以青菜、豆芽、土豆之类为主。只有周二的午饭才有一些"大菜"供应，比如辣子鸡、红烧肉、糖醋排骨等。这些菜，我也只是在食堂外面挂着的菜单上见过，从没有吃到过——我吃食堂一般是在周四以后。辣子鸡这道菜能猜出个大概，应该是用辣椒炒小鸡；红烧肉就有点模糊，不知道是用烧红的烙铁炒肉，还是用红红的火苗烧肉，但总之是用肉做的菜；最让我纠结的是糖醋排骨，搞不清楚排骨是一种什么样的食材，骨头怎么能用来炒菜呢？于是，在心里，我用了很长时间酝酿要去吃一顿糖醋排骨，不是为了吃上什么美食，而是为了弄清楚什么是排骨。

终于，在期中考试就要开始的那个周二，我下定决心吃一顿糖醋排骨。离开挤得水泄不通的青菜窗口，把饭盒洗刷了一遍又一遍，我慢慢踱到稀稀拉拉没几个人的"大菜"窗口，手里攥着足够吃一个星期青菜的菜票，把饭盒往大师傅面前一伸，高声喊："来一份糖醋排骨！"那感觉，似乎是戴了手表撸袖口的年轻人，又像是穿了新衣服喜欢往人前站的孩童，不自觉地带了些许的炫耀与夸张。等糖醋排骨盛到饭盒里，我盯了许久没舍得下口，但肉眼实在是无法分辨出那到底是什么东西，我便捏起一块放到嘴里，狠命一咬——原来就是骨头，带着一点肉的骨头。

后来，我问过很多人：你是什么时候知道排骨就是骨头的？他们中没有一个人记得具体的时间或者时段，更无法清晰地描述出第一次吃排骨的情景。其实，人就是这样，对于那些不十分渴望的东西，很少能够留下清晰的记忆。

02

生活上的窘迫，并没有影响精神上的愉悦。

进入高中后，唯一让我感到可以抬起头来的，就是自己写的作文得到了赞赏。我的班主任李老师，带我们的语文课，是一位小有名气的文学创作者。开学不久后的语文课上，李老师把我的一篇作文读给全班同学听，并给出了极高的评价。至今，我依然记得那天灿烂的阳光，依然感受得到那天空气里弥漫着的快乐气息。当一个长期被自卑压抑着的人，终于发现可以让自己闪烁出光来的东西后，注定愿意为之忽略其他的一切。

在随后的日子里，写作成了支撑我的精神的最好方式。依靠文字在人群中站住脚的想法，时时刺激着我每一根被挤压过的神经，让我不敢有丝毫慵懒和懈怠。再后来，课堂上的作文展示已经无法满足自己的荣耀感，写作文似乎变得太小儿科。从写作文到文学创作，渴望自己的作品能够在高级别的文学刊物上发表，成了彼时的最高愿望。那时心气儿高，《十月》《收获》等国内最有影响力的文学刊物成为我追逐的目标。拼命地写，拼命地投稿，似乎成全生命的所有可能都维系在一封封的投稿信中。希望，失望，再希望，再失望……也许是命运不愿意辜负一个为克服自卑而拼命努力的人，《收获》杂志社的一封用稿通知书点亮了所有的希望。

从那天开始，我所有的心思全都压在了等候样刊上。上课没心思，下课便往传达室跑，一遍遍地询问，一遍遍地算计邮件耗时。似乎，人生的荣耀就是在那个时候，一下子带给生命足够丰富的内容。不知为何，那份样刊整整三个月后才到达我的手中。接到样刊的瞬间，我的呼吸似乎停止，整个世界似乎凝固，然后就是全世界的光亮都聚焦在了厚厚的牛皮袋上。当然，这只是错觉，只是我的感受。事实上，世界没有改变，什么都没有改变，长久期待的幸福只持续了一晃的工夫。上课依然听不懂，作业依旧不会写，考大学依然遥遥无期。

现在想来，那篇文章发表带来的人生感受，可以比较好地阐释人在成功时的心理波动——焦虑地期待，惊喜地得到，慢慢地平淡。对于任何一份努力，我们都渴望最终得到成功作为回报，并总以为这份成功可以解开生命中的所有困惑。而事实上，成功只是稍纵即逝的一种感受，没有哪一份成功可以长久地保留在生命之中。这也许就是生命成长的一种必然，倘若你得到了梦寐以求的东西，就对未来不再希冀和期待，人生又何以长久地鲜活呢？

03

人生的每一段都有它的意义。成功的，带给人生喜悦和精彩；平淡的，让人习惯淡泊和温和；失败的，诱发灵魂深处的对视和自省。所以，在简陋平庸的生活之中怀有必要的愿望，在人生精彩之中看得到被忽略的平淡无奇，都是需要在漫长人生里逐渐习惯的生活方式。

唯有如此，才有可能做一个内心积极向上的平凡人。

我为什么要选择逆向而行

扫码听书

不知道是触动了哪根神经,我忽然很想写一写关于生活、关于行走的一些思考。推掉所有的应酬,包括一份早已预约好的讲课任务,我利用周六的一个上午,在睡了好大一阵多余的觉之后,写出了下面的文字。

01

我在农村长大,也在农村生活了很长时间。我们的村子规划得很完整,所有的街道都是南北通畅、东西齐整,属于典型的北方行政村。在20世纪70年代,这样的行政村不仅居所规规矩矩,农民的生活也是趋同无别:一起在田地里劳作,一起担着生活的风雨。

这样的集体生活,培养了人的群居意识,最明显的例子就是各家各户对邻居而言几乎都是透明的:谁家有几个娃,谁家养了几只鸡,谁家娶了个儿媳,谁家夫妻又大闹了一场……一切都是无须隐瞒也无法隐瞒的。或者说,恰是这些信息,让村子里的人有了茶余饭后的谈资,让他们不至于见面时无话可说。至于村子里的小孩子,从会跑动就要加入某一个小团伙,所以在农村的街道上,每时每刻都有大群小群的男孩子疯打疯闹,也会看到一簇一簇的女孩子玩跳绳、做女红。

比邻而居,不设防的互动交流,让村子里的人彼此都熟悉到脚指头,甚至连邻村的人的名姓也都知道个大差不离,性格脾气也略有了解。偶有外地人到村子里寻人,无论是问哪一家,只要报上家长的名号或者小孩子的乳名,自然就会有人带着,准确地找到地点。哪怕是在村子的东南角问西北角的人家,也绝对不会出现"不认识、不熟悉"之类的尴尬。我讲这一些,其实只是交代一件小事的背景,以此来辅助说明我要表达的意思。

大概七八岁的时候,母亲带着我出门办事,刚出大门便遇见了一位邻居大娘。邻居大娘看见我后,惊奇地问:"他婶子,你这是带的谁呀?"母亲瞅了瞅我,又看了看邻居大娘,略带疑惑又稍稍埋怨地回答:"你看看你,这不是俺家你三侄儿吗?你不认识?"听到这儿,邻居大娘尴尬起来,好像犯了什么重罪一样拍着自己的脑袋说:"这事儿整的,这孩子真是太老实了,我还真就没见他在大街上玩过呢!"

这件事,母亲给我讲过多遍,也向后来到家里串门的亲戚和邻居们讲过多次。她讲这件事,大抵都是想说自己的小儿子多么乖巧、多么安静,不出门惹事。而事实上,这件事真正说明的,恰是我性格中最不利于生活的那部分:自我封闭,不善沟通。也就是从那个时候起,我开始对自己有了较为清晰的认知。在这之前,我一直觉得自己就应该像村子里那些木讷的成年人那样,过上日出而作日落而息的农耕生活,天天对着土地和庄稼使劲,向着田野和空旷努力——这样的生活,最不需要的就是滔滔不绝的口才,只需要安静和沉默,因为庄稼是不说话的,种庄稼的人自然也就无须说话。我以为那就是我的方向和归宿，是我人生最应该有的朝向。

02

任何性格都有好的一面。

20世纪八九十年代，在应试教育最盛行、最没有反对声音的背景下，老实不好动的孩子往往学习成绩比较好——胆小怕事，不折不扣地执行老师的指令，课堂上认真听讲，课下老老实实做作业；封闭安静，习惯独处一隅，除了读书学习几乎没有其他的社交圈子。在整个小学和初中阶段，在人际关系相对单纯的村办小学和村办联中，我的学习成绩一直一路领先。现在想来，在那个靠卖憨力就能获得成绩的时代，最适合我的选择应该是在初中毕业后直接考取中专学校，借助人生馈赠的适宜性格迈出逃离农村的第一步。

参加了一系列中专选拔考试后，有两个选择摆在了我面前：一是继续参加最终的中专考试，拿到唾手可得的中专入学通知书；二是接受市重点高中的选拔，直接进入农村学生想都不敢想的重点高中，去争取难以企及的大学通知书。在这个关键节点上，周围的人大都希望我直接考取中专学校，这是让自己过上"美好"生活的最直接也是最稳妥的选择。那个时候考入中专学校，意味着可以吃上国库粮，意味着可以从农民转变成国家干部。而以我的中专预选成绩来看，考上中专学校几乎是万无一失的事情——毕竟，我是以全镇第一的成绩被推选到县里，又在县里的预选中被重点高中提前"掐尖"录取的。既然是"掐尖"录取，那么自己的成绩肯定是高到了一定的程度。

最终，我选择了读高中。当时的想法已经无法确认：也许是更高层次成功的诱惑，中专与大学的差距谁都可以看得明白；也许是小小虚荣心的瞬间爆棚,"掐尖"录取后将有三个月的时间看着自己的同学拼命,悠然于中考的悲壮之外;也许是对自己的能力过分高估,不知道自己的成绩其实是蛮力过剩的回报,以为自己就是为了学习而生。后来证明,这是一次错误的选择。在城里人为主要群体的高中,内向的性格反倒成为学习生活的阻碍,再加上学习难度的增加,单靠拼命已经无法抵消能力与视野的狭隘,一场失败注定袭来。我不仅没有考上理想的大学,反而带着彻头彻尾的失败重新回到了农村。这一次,我更加确信,面对田野与庄稼,才是我的最终归宿。

而我的父亲却不这么想,他总是觉得我单薄的身材、矮小的身躯,肯定无法承受繁重的田间劳作,便想方设法为我谋得了一份较为轻松的工作——在一所乡镇初中做临时代课老师。也许,在他有限的认识里,这是与我曾经在城里读过三年高中最为匹配的选择。一个沉默寡言、极度内向的人,却要在全靠语言表达来工作的行业里混饭吃——一个想想都觉得很不理智的安排。

也许,就是从那时起,我的父亲把我的人生方向给弄反了。

03

事情远没有想象中那么糟。

在没有走上讲台之前,我真的不知道自己是否张得开嘴巴,面对学生能否说出话。而当真正走上讲台,面对学生时,我忽然有了一种异样的感觉:能把自己从城里学来的知识传授给农村的孩子,是不是也算一种幸福呢?事实上,不善言辞的我在课堂上却可以滔滔不绝,行为拘谨的我在教室里却激情荡漾。原来,我只是不愿意在成人世界里应对搪塞,不愿意面对成人世界的熙熙攘攘。在孩子的世界里,我惬意且满足，灵动而快乐。临时代课的这两年，虽然没有带给我经济上的富足，也没有带来生活上的任何改观，却改变了自己对自我的固有看法——也许我这个适宜面对庄稼的沉默之人，也可以是个面对鲜活生命运筹帷幄的师者。以至于，在后来的日子里，当我站在人生十字路口的时候，我选择了继续做教师，做一个可以永久站在讲台上的教师。又过了两年，我成了公办教师，成了有编制、真正意义上的教师。

不过，事情可远没有想象中那么好。

因为，教师的生活远不止课堂，还有人情世故。我可以在课堂上获得足够的幸福与满足，却无法在人情世界里觅得立足之地。去新学校报到的第一天，看起来呆板木讷的我被安排到校办工厂当工人。当时有很多人说，你去找校长说说好话，大不了再送点礼，肯定就能回学校当老师。其实我很想回学校当老师，做梦都想。我也知道这个社会上有些事情不只靠能力来解决，必要的低头或者谄媚也是生存的法则之一。可是，我却无法做到，舍不下骨子里的清高，也不愿意向世俗妥协。我咬着牙坚持，等待他们需要我的那一天。果然有一天，他们需要我去接手一个"烫手的山芋"。虽然明知道接下这个班级会给自己带来很大的困难，但是一想到我可以骄傲地回到课堂，且不需要向他们表示哪怕一丁点感谢，我欣然应允。

工作了几年后，我逐渐站稳了脚跟。个人教学成绩越来越好，班级管理成绩越来越高，越来越多的家长争相把自己的孩子塞到我的班里。在学生的世界里，我是个好老师；在家长的话语里，我是个神一般的班主任；在领导的表扬中，我是一个值得学习的榜样。但是，领导的表扬仅限于口头，只是在需要鞭策他人或者树立典范时，才会把我夸奖一番，而那些"真金白银"、对晋升职称有用的纸质荣誉，却从来也不会落到我的手里。于是，有人替我抱不平，认为领导不应该亏待认真工作的人。领导私下里的反馈更是直接：能干倒是能干，优秀倒是优秀，就是太不会来事，太不招人喜欢。相熟的人便劝我，要试着活泛一些，必要的沟通与走动还是需要的，不要太死心眼。

我坦诚相告，我做不到。他们便说，做人不要逆着走，随大流才能活得久。

04

逆着走的结果，就是比别人付出得多，收获得却少。

有人存在的地方，就会有多种多样的生存方式。有的人工作成绩未必突出，却可以凭着圆滑在人情世故里游刃有余，要风得风要雨得雨；有的人工作能力未必多强，却可以在迎来送往中尽展魅力，成为领导眼中的红人；有的人刻苦能干、业绩突出，却只能在肩膀上再压一副工作的担子……可以这么说，无论在哪个单位，获利最多的肯定不是只会努力工作的人；无论在哪所学校，荣誉最高的未必就是业务最强的老师。这一切，我懂，但我还是不会随大流。我很喜欢尼采的一句话：任何不能杀死你的，都会使你更强大。既然不愿意入俗，也不愿意被世俗打败，那就不断强大自己，不断用成绩来说话。

其实，作为一个教师，只要自己的业务与成绩坚挺，任何世俗的东西都不能将你摧毁。他们可以不给予你好处与优待，却不得不给你成长的空间。无欲则刚，于教师而言是保持风骨的最佳途径。在后来的日子里，我只在乎与学生之间的谈笑风生，只关注生命成长的拔节声声，虽然错失了许多本属于自己的世俗之利，却也赢得了自由而自尊的生活。

05

曾经有很多人问我,你现在做的研究,到底能给你的个人发展带来多大的影响?言下之意,我所做的叙事教育研究,在他们看来是无用又艰难的行走,实在是最不划算的付出。

其实,这话不无道理,在当下的教育环境里,能够帮助教师快速走上行政认可道路的,毫无疑问应该是课堂教学。从现在的形势来分析,一个人若执迷于研究德育,特别是痴迷于无助于捆绑学生的德育,就算得上是个傻子。有人曾经对此做过一个分类:要想在教育行政评选中得到认可,聪明的人肯定会去研究课堂教学,愚钝的人研究有助于刚性管理的道德教育,只有傻瓜才会去研究让学生幸福的教育。为什么?一是行政评选只关注课赛之类的荣誉,德育并没有被列入其中;二是课堂教学是即时就能看得见的成功,道德教育是"前人栽树后人乘凉"的辛劳。就现在进行道德教育的人来说,其研究的方向也大都是帮助教师进行管理,也就是研究如何让学生听话、如何让学生遵守规矩之类的内容,绝少有人会去研究怎样让学生生活得惬意而舒心。

二十多年来,我一直关注故事与教育的契合,归根结底就是为了寻找一条让学生在人文的浸润下可以获得心智成长的道路。这条路,我走得艰难而寂寞,没有鲜花,少有认可,更别说善意的鼓励和行政的帮助。但我一直在走,坚守了二十余年,收获了不少源自实践的成果,也看到了学生在故事中肆意成长的幸福。前些天,有人对我进行过这样的追问:假如你拿出十分之一的精力去研究课堂,你可以拿到多少优质课比赛的证书?假如你拿出十分之一的精力去研究如何管理学生，你可以获得多少学校管理人员的盛情邀约？假如你拿出十分之一的精力去做一些必要的迎合，你在行政上又可以获得多么好的发展？

　　于此，我只能说，我是一个逆向而行的人，纵然相携者寡，指戳者众，我也会一直走下去。至于原因，大概只有一个：我想按照自己的方式去活，活成自己喜欢的样子。

成功不过是一种感受而已

扫码听书

有一位老师在QQ上留言,谈到了他去县里参加教研室组织的学科研讨会时发生的一件事。他们的学科教研员很年轻,看起来不到四十岁的样子。这位教研员先是布置了一些常规教研任务,然后谈到了教师的专业发展,她说:"一个老师到了四十岁,如果没有走行政路线,也没有突出的业务荣誉,这个老师基本上就废了。"

这句话让他很是苦恼:自己已经四十一岁,既没有当上领导,也没有很拿得出手的业务荣誉,并且职称还只是初级,正好符合教研员界定的"废了"的层次。他说:"王老师,我虽然没有走上教研员所提到的成功路线,但是我内心一直很上进,我的学生和学生家长很认可我的教育。我喜欢读书,喜欢把自己埋进书堆;我喜欢学习,喜欢把新鲜的东西带进课堂。只不过,我不太在意外在的荣誉,也不喜欢去争抢一些看起来有用的东西。我不知道,我这算不算是废了?难道我是不成功的老师吗?"

01

我不想去评论这位教研员的观点，只想谈一谈关于"观点"的一些观点。

有位朋友，最近感到胳膊酸麻，便请教正在为自己做推拿的医师。医师说，可能是颈椎病压迫神经所致，需要做几个疗程的推拿。朋友不放心，便又咨询了一位中医。中医说，可能是气脉瘀塞、经络不畅所致，可以试试针灸。碰到一位熟悉的外科医生，外科医生觉得可能是外伤损害了神经或肌肉组织，应该先去做个CT。而一位心血管疾病方面的专家则很郑重地提醒，脑梗死、脑动脉硬化也会表现出肢体麻木的症状，绝对不能掉以轻心，要去大医院好好做个检查。

我对医学一窍不通，便到网上查阅了一番。果然，从医学的角度来说，前面几个医生谈到的病症均会出现肢体发麻的症状。换句话说，这些医生的判断都是有道理的，其观点也都没有错。不过，我们可以很清晰地发现，他们都是站在自己的业务领域来判断"胳膊发麻"这一症状，所给出的结论也都是以自己的视角为出发点。西方有一句谚语：一千个读者眼中有一千个哈姆雷特。意思就是说，对于同一个事物，每个人都喜欢站在自己的角度去解读，也就有了不同的看法。

对于成功，每一个人都有自己的观点。也许在那位教研员的眼中，一个老师只有走上了领导岗位，只有获得了耀眼的荣誉，才算得上是成功的教师。这是她的个人观点，是站在她的立场和视野上对成功的一种描述。无论她的观点对错与否，也只能算是"一千个哈姆雷特"中的一个，我们千万不能忘了还有九百九十九个哈姆雷特等着我们去了解和认知。

一个成熟的教师不应该被他人的言论左右，更不能因为达不到他人的价值标准而困惑不安。当我们接触到一个价值判断时，比较恰当的做法是：找出自己需要的，安放在心里；发现自己排斥的，毫不犹豫地扔回去。

02

关于成功，我也想谈一谈自己的观点。

对于大多数教师来说，得到教育行政上的认可应该是埋在心底的一种关于成功的诉求。只不过，每个人对这份诉求的"疯狂"程度不一样。举个例子来说，学校要投票选一个优秀教师，有的老师可能就会拼命去拉选票，不计手段地把自己的诉求清晰地展现出来；有的老师渴望优秀却又有些不好意思，可能只会跟熟悉的同事打打招呼；有的老师会觉得获得优秀称号是好事，但绝对不会去做拉选票的事；也有的老师心静如水，根本就不在乎这样的推优活动，会选择拒绝参与竞选。如此一来，每个人在获得优秀这件事上成功的可能性也就会大不一样。对于一个不在乎、不参与竞争的人而言，优秀落到他头上的概率，应该和中彩票相当。在中国这个人情社会中，疯狂的人、会拼抢的人，往往更容易获得利益上的成功。

我接触过很多具有高级别荣誉的教师。这其中，既有名副其实的佼佼者，有因各种机遇机缘凑巧胜出的幸运者，也有拼抢能力比较强的胜利者。爱哭的孩子有奶吃，会哭的孩子有更多的奶吃。这句话虽然失之偏颇，却也有些道理。至少，在两个业绩和能力完全相当的人中，愿意拼抢、精通拼抢的人肯定会成功得早一些、大一些。所以，我对这位教研员的成功观有两点感想：一是正确，走上领导岗位和获得业务荣誉肯定算是一种成功，甚至是不少人愿意追逐的成功；二是错误，你所认为的成功是这样，并不意味着达不到这个标准的人就不成功。因为，在这个世界上，确确实实存在着不喜欢做领导、不喜欢参与业务竞赛的老师，也存在着与世无争、静心做自己的老师。

03

在我看来，成功应该是各式各样的：认真钻研业务，积极参与各种比赛，成为官方认可的业务骨干是一种成功；默默探索自己的研究方向，在某一个方面做到相当程度的精致，在某一个领域具有非官方的话语权，这也是一种成功；虽然没有什么耀眼的光环，却能够守住内心的平和，坦然而阳光地活在某个自己喜欢的领域，也是一种成功。

说到底，成功不过是一种感受而已，并没有一个绝对的评判标准。就像是一双鞋子，合不合脚，只有自己的体会最真切。

第三辑

要对某种东西倾注深情

  我们总是羡慕别人的一夜成名,总是喜欢议论别人的横空出世,却很少知道他们在与自己斗争的过程中到底经历了什么。其实,所有看得见的光鲜亮丽,都透着别人所不知的艰辛,都是一场隐忍已久的喷薄而出。

给自己一个不大不小的梦想

扫码听书

在一次讲座后的互动交流中,我无意中与老师们谈到了梦想,并建议每一位青年教师都确立一个关于教育的梦想。有位老师说:"'梦想'这个词似乎过于虚幻和空洞,现在已很少有人再提及它。我倒是觉得可以像马拉松选手山田本一那样,只去关注那些当下的小目标。"

言外之意,我们只需脚踏实地,无须仰望星空。

01

这位老师提及的山田本一我也曾听说过,他的故事大概是这样的:山田本一是一位名不见经传的马拉松选手,曾经连续两次获得世界冠军。记者请他谈经验,山田本一回答说:"每次比赛之前,我都要乘车把比赛的路线仔细看一遍,并把沿途比较醒目的标志画下来。比如第一个标志是银行,第二个标志是一棵大树,第三个标志是一座红房子……这样一直画到赛程的终点。比赛开始后,我就以跑百米的速度,奋力向第一个目标冲去,等过了第一个目标,我又以同样的速度向第二个目标冲去……四十多公里的赛程就这样被我分解成许多小目标,被我一段一段轻松地跑完了。"

这个故事常常被用来解读"关注当下"的重要性,所以才会有老师拿它来质疑梦想的意义。我倒是觉得,四十多公里赛程尽头的马拉松世界冠军就是选手们的梦想。没有这个梦想,就没有四十多公里赛程所确定的路线,选手们也就没有奔跑的方向。梦想虽然遥远,却可以给人以前行的指引,让每一个人都知道自己想要去哪里。从这个意义上说,梦想有些像海上的灯塔,能够为航行指引方向。至于你如何在大海中劈波斩浪,如何在暴风雨中保持平衡,则取决于舵手们行动的能力。

如此,对于山田本一的"目标分解、逐个解决",我们可以理解成是他为了实现梦想而采取的策略,这与一个人需要梦想并不矛盾,反倒更加强调了梦想的重要性:没有梦想,你的努力又该如何安放?

02

其实,于梦想而言,其意义并非仅像灯塔一样指引方向,它还可以让人在成长过程中具有不一样的行动意志。这其中至少有两点值得我们去思考。

其一,一个有梦想的人不会被现实中的小障碍拦住行走的步伐。对于年轻教师来说,从踏上教育岗位开始,总会遇到各式各样的小困惑,也会遇到大大小小的麻烦事。这些小困惑和麻烦事,无时无刻不在牵绊着他们年轻而又脆弱的内心,让他们不由得对教育心生厌倦,对成长萌生惧意。有时候,造成一个优秀教师职业倦怠的,未必是多么重大的灾难,也未必是多么严重的挫折。千里之堤,溃于蚁穴,说的就是这个道理——那些看似不起眼的小委屈、小误解、小失败，极有可能在不知不觉中慢慢腐蚀掉一个人成长的愿望，从而导致人生的失败。有句话是这么说的：人在低处，看到的都是垃圾；人在高处，看到的都是风景。如此，梦想就是可以让人站到高处的那种东西，可以帮助我们忽略掉那些应该被忽略的人生之憾。

其二，一个有梦想的人不会被眼前的小利驱使。我们身边不乏一些本可以变得更加优秀的教师，他们往往在某一个方向上小有成就。比如课讲得好，拿到过县里、市里的优质课奖励；比如班级管理有特色，获得过各级各类的表彰奖励；等等。诸如此类的教师，如果能够在自己的特长领域里更进一步，能够静下心来钻研业务，一定可以在专业发展上走得更远。但是，很多人往往把持不住自己的心。见别人在学校里当了小领导，就觉得自己也应该去混个一官半职；见别人兼职家教赚了钱，就觉得自己不去挣点就对不起自己的小名气……如此，心不静了，没有心思再去钻研业务，也没有心情再去研究专业，也随波逐流地去争取眼前的小利益、小获得，从而荒废了，从此止步不前。而一个有梦想的人，绝不会为一时的小利所困，他一定会把视野与胸怀放得很远，一定会把成功定义得很辽阔，然后孜孜不倦地去努力，去争取，去奋斗。

03

这样看来，梦想并不空洞，更不苍白。它似乎更像是一股带有力量的绳索，牵引着我们一直向前。甚至，我一直在想，也许梦想是有"侵略性"的，它不是在悄无声息中占据一个人的内心，就是在不动声色中主导一个人的情怀。所以，梦想才可以时时鼓励着你，让你始终不松懈，始终不愿放弃，始终不想停止。

　　如此，梦想能够给予我们的不仅仅是仰望星空的情怀，还有脚踏实地行走的能力；如此，我们每一个人都需要一个不大不小的梦想，来安慰我们的人生，温暖我们的生命。

我们怎么忍心空手走过

扫码听书

在一次国培讲课活动的互动环节,一位年轻老师说:"我已经工作八年,算得上一个成熟教师,但总是感觉自己样样都能应付却又事事稀松平常,没有什么可以拿得出手的特长或特色,我应该怎样去做呢?"其实,这并不只是他的困惑,而是众多教师身上都存在的一个成长缺憾。

说实话,我也不知道有没有解决这个问题的灵丹妙药,更无法明确地回答这个问题。但是,我很愿意分享一些自己的经历与感受,或许大家从中可以悟出一些道理。

01

工作没几年,我曾经陷入深深的挫败感中。

环望四周,我发现同来的人似乎都已经找到了成功的触点:有的人,精明而善于变通,虽然教学能力一般,却颇得领导的喜欢,在"从政"的道路上顺风顺水;有的人,天生表演素质过硬,虽然教学成绩一般，却可以在讲课比赛的舞台上尽放光彩；有的人，人脉丰富且家底殷实，即使不去努力，也不妨碍在生活中如鱼得水；有的人，天赋极高，不仅可以把日子过得舒适悠哉，工作也可以打理得有条不紊……似乎，他们中的每一个人都天生自带令人羡慕的幸运，手中都攥着让别人自卑的某种优势。而我却什么都没有，这让我在焦虑不安中更加惶恐而自卑。

我不知道，接下来的日子里，我这样一个天生愚钝而又没有任何背景可以依靠的人，应该怎样去做，才可以拥有安稳而又稍有光彩的生活。是的，在很长一段时间里，"稍有光彩"曾经是我人生的全部梦想，我渴望自己能够迸发出一些光彩，也期待有一天可以被人欣赏和重视，虽然起步艰难，能力孱弱。有时候，我甚至很羡慕那些把生活过得一塌糊涂却能心安理得接受的人，至少在他们的世界里不会有想而不得的无奈。位卑而又心有不甘，能力微弱却又不愿意掐灭自己的梦想，这可能是人生中特有而又常见的一种痛苦。

02

正是这种痛苦，折磨了我两三年时间。寻而无路，求而不得，我开始把自己深埋于文字之中，试着用文字排解心里的郁闷和空虚。慢慢地，在文字之中我似乎找到了一种精神上的寄托，生活中的喜怒哀乐都被写进一篇篇或长或短的文章里。再后来，文字进入我的教育生活之中，并开始诊治教育实践中的纰漏与不足。写作，反思，不间断的记录与思考让我逐渐不再纠结于寻常的利益得失，开始执迷于对教育本质的探索与修复。从写故事到在班级管理中使用故事，再到叙事教育理念的一步步清晰和完善，我始终行走在故事的满径花香之中，距离自己的梦想越来越近。

我发现，当一个人沉浸于某一件事情时，周围的所有喧嚣与纷扰其实都可以被忽略，自然也就不再羡慕他人，也就不再惊扰自我。而往往就是在这个时候，梦想于不知不觉中慢慢实现了。

其实，这就是专注的力量。古语说，能够到达金字塔顶端的动物只有两种：一种是苍鹰，一种是蜗牛。苍鹰之所以能够到达是因为它拥有傲人的翅膀，正如天资颖异的骄子；而慢吞吞的蜗牛能够爬上去是因为目标明晰的那份专注，恰如资质平平而又不懈坚持的逐梦人。如此，于一个人而言，即使没有丰厚的外在支持，没有与生俱来的丰富资源，没有可以轻易成功的天赋与资质，只要愿意去争取，能够持之以恒地去努力，同样可以获得生命的辉煌与成功。这无疑给那些像我一样被生活薄待，却又愿意直立向上的年轻教师以希望和期待，也让众多的普通者找到了成长的有效路径——专注于一隅，执迷于一事。

03

那么，怎样才算得上专注呢？或者说，怎样才能够做到专注呢？

首先，要耐得住寂寞。耐得住寂寞不仅指能够抵御繁华的侵扰，还包括面对失败挫折时淡泊而宁静。有很多年轻教师之所以无法深入教育教学，大概是因为时时因世界的精彩而分心：经商的同学，生活富足而奢华；从政的伙伴，位高而权重；即使是大公司的打工者，工资待遇也往往是自己的三五倍……于是，自己很难再潜心于教学，三尺讲台再也承载不了简单和清贫。抑或是，同一个办公室的年轻教师早于自己取得了职称，一起被分配来的同事当上了学校的领导，诸如此类的寻常挫败也会让一个人心烦意乱，再也无心安于自己正在坚持着的行动。所以，专注于内心的追求，不为外物所动，是一个专注的人精神上的坚守。

其次，不能浅尝辄止。很多年轻教师并非不愿意努力，也不是没有行动的愿望。只不过，在努力的方向性和持久性上不尽如人意。听过一场关于班级管理的报告，马上就热血沸腾豪气十足地规划班级发展的远景，做着做着就没有了新鲜感和动力；看到别人在课堂教学上成绩斐然，立刻就放下班级管理转向教学研究，走着走着就看不到了未来和希望。如此三番，做什么都是蜻蜓点水，每一次努力都浅尝辄止，精力耗费了不少，却没有得到什么值得欣喜的结果。一个有专注力的人，不会好高骛远，只会脚踏实地，朝着梦想召唤的方向，一步一个脚印，水滴石穿般赢得人生的最终辉煌和荣耀。

你看，梦想如此诱人，生命如此短暂，我们怎么忍心空手走过？既然如此，能够让我们的生命富有的路径也许就是：试着对某种东西倾注自己的深情，然后永不放弃，直到梦想实现的那一天。

教师精神的敞亮与打开

扫码听书

其实，世界上很多美好的东西，都能在平凡人的身上被发现。

01

在一次教师培训会上，我看到一位始终认真记笔记的老教师。看样子，应该在六十开外，很像是已经退休的老师。为什么他还要来参加培训呢？带着好奇心，我利用中间休息的时间和他聊了起来。

老教师很健谈，短短几分钟的工夫我就了解到了关于他的大量信息：十八岁开始做民办教师，后来转正成为公办教师，再过三个月就正式退休，四十多年来教出了很多名牌大学的学生，每年都会有功成名就的学生给他拜年……在他介绍了几个成就突出的学生后，我由衷地赞扬了他的教育成就。没想到，他淡淡地说："哪里是我厉害，分明是学生们争气，我不过是沾了他们的光。他们学得好，我也就跟着成了好老师。"按照他的说法，是好学生成就了他，而不是他成就了好学生。我不禁钦佩起来，不仅为他临近退休还能坚持学习，更为他的"不居功"。

我们听一些名师的报告，特别是听一些师德标兵的演讲，会发现内容几乎都是证明自己能力卓越的说辞。因为我的努力，班里某某同学从后进生变成了优秀学生；因为我的管理艺术，全班同学获得了怎样大的长进……潜意识里，人似乎总习惯于在不知不觉中将"功劳"扛在自己的肩上，而将失败、失误之类的结果都记在别人的账上。成功时，一般会说"在我们的努力下终于怎样怎样"。"我们"的第一层意思是，"我"是其中一分子；第二层深意则是，"我"是其中的关键分子。失败时，通常会说，"你看看你，你到底是怎么回事？"意思是"错误都是你们的，与我一毛钱关系都没有"，如此就轻松地把自己撇了个干净。

不居功、不邀功已经难能可贵，像这位老教师那样把"功劳"推给学生就更加令人钦佩。在师生关系上，喜欢"居功"的老师往往会把学生看作个人成功的梯子，为了自己的脸面更加光彩一些，极容易变得焦虑不安，从而选择倾轧、强制、灌输等手段提高学生的成绩；不喜欢"居功"的老师，心中基本上不存在压迫感与紧张感，不会为了学生的一分一毫之得失而寝食不安，往往更容易理性地对待学生的缺点与不足，可以客观地看待成绩等带来的压力。

不急不躁，淡定从容，优秀教师的这些素质大都是从"不居功"开始的。

02

上周六，袁静老师在叙事者QQ群进行了一个多小时的分享。她分享的内容很简单，只是谈了自己在思维导图使用方面进行的一些探索，可效果却极好，在线听的老师意犹未尽，未能参加的老师遗憾万分。以至于活动结束后有人在群里要求回放现场视频，有人忙着保存群里的截屏图片，有人希望拿到精美的讲课PPT。直到今天，还有好几位校长打算邀请她去学校里分享，为学校的老师们补上这一课。

我第一次发现袁老师的"思维导图"是在她的文章里，当我们成为微信好友后更是经常看到她晒的"美图"。最初见到的多是她读书后绘制的导图，时不时地还可以看到她用导图来设计日常生活。最终让我开始对她的探索感兴趣的是她分享的学生绘制的导图——小学低段的学生也可以使用思维导图？我有点不相信。

于是，我专门就这个问题"咨询"了袁老师，当然是以怀疑的心态和语气。这一次"咨询"真的让我开了眼。在袁老师那里，课是用导图备的，课堂教学是用导图开展的，学生的作业也是用导图完成的。甚至，学生的课本就是天然的导图素材，几笔勾勒之后就成了思维缜密、外观精美的思维导图。而这些，的的确确是在一二年级的课堂上实现的，的的确确是七八岁的孩子掌握了的……我还有什么话可说，除了惊讶与羡慕。

我以为，这是他们学校在推广的一种教学特色，或许只是在实践学校教学策略下的一种模式或形态。私下里，我向她的同事了解情况后才知道，这只是她个人的爱好而已。思维导图的使用，既不是学校倡导和推广的，也不在考核评价范围之列。虽然她的做法比常规的备课、上课多出几倍的付出，但在教学常规检查或者考评中并不占什么优势，纯粹属于"多此一举"的付出。从他人的话语里可以听得出，她在探索的道路上遇到过很多困难，也遭遇了很多的不理解。

这，就让我更加钦佩。其实，一个人在某些教学领域做一些创新，进行一些探索并不足为奇。在教师群体里，越来越多的人开始关注教学特色的培育，越来越多的人已经走在了特色实践的路上。但是，这些探索和实践大多是在某一教育教学改革的背景下开展的，大都有巨大的行政力量的支持和支撑。说得简单一点，某所学校倡导某种模式，这所学校的老师就有可能走上同样方向的研究之路。而这样的研究，无疑会被学校和领导认可并鼓励。倘若是某个区域倡导某种课改，那么参与其中的实践者获得的利益和支持就更大了。

可以这么说，一个教师的研究依托的背景越大，他获得的动力和力量也就越大。我欣赏这些在研究的道路上诗意行走的老师，但我更敬重像袁老师一样独自探索的行动者。因为，在一个没有背景力量推动的领域里行走，很难有欣赏和掌声，很难找到支援和帮助。这样的行走，所有的动力只能源自自己，源自对理想和追求的坚守。

无疑，这是一种最为孤独的努力，也是一种最考验毅力的精神求证。我们每一个人都可以这样做一个自我考量：在没有人关注、没有人要求、没有人逼迫的环境里，你有没有对一件看起来毫无世俗价值的事情倾注过热情？有没有对纯粹源于喜欢的东西付出过恒久的坚持？倘若你有，那么你值得被尊重；如果你没有，那么你需要进行一次尝试。因为，只有这样的努力才可以让一个人的精神明朗，获得不带枷锁的幸福。

有所热爱，有些追求，有点孤独，这是教师精神的敞亮，也是一种打开。

需要每一位老师做出痛苦的改变

扫码听书

我听过很多课,小学的、初中的、高中的,也见过很多形式的合作学习,四人一组的、六人一组的、围成圆桌的、坐成正方形的。在这些课堂上,小组合作一直是老师在积极实践的一种策略。但是,很多课堂却总让人感觉不舒服。

01

一节小组合作学习展示课——

上课的老师板书完一个问题后,转身面向学生说:"请同学们讨论讨论这个问题。"前排的学生迅速转身,与后面的同学面对面瞬间进入讨论状态。刚刚还风平浪静的教室,立刻沸腾起来,学生按照既定的分工和程序,热热闹闹地开始了一场大讨论。老师时不时地低头看手腕上的表,终于在某个时刻拿起讲桌上的板擦敲打起来,并用力喊了一声:"讨论结束,请大家安静!"讨论真的就结束了,可以说是戛然而止。整个讨论过程前后不过两三分钟的时间,讨论的开始和结束绝对做到了收放自如。

问题似乎并没有得到解决，老师接连提问了好几个学生，都没得到想要的答案。老师有点焦急，问学生为什么讨论不出结果。一个学生怯怯地回应说："刚找着思路，您就让我们停止了。"很明显，两三分钟的时间很难探讨清楚一件事情，甚至思维都来不及打开。我开始猜测，接下来老师会怎么做。稍做停顿，老师说："因为时间关系，咱们就不再讨论了，我讲给大家听。"接下来，老师开始了详尽的讲解，整整用了近二十分钟的时间。

　　课后，我问老师为什么一开始不多给学生一些讨论时间，或者让他们继续讨论。老师的回答很有条理，说了三个原因：一是备课时预设的讨论时间就那么多，如果继续讨论就完不成教学任务；二是课堂教学的目的就是让学生知道答案，讲解比讨论能够更快达成这一目标；三是即使让他们讨论一节课，最终也未必能够讨论出结果。

　　我在心里暗暗想：如此，你又何必浪费那两三分钟呢？倒不如上来就直接讲解，也许显得更实在一些。

02

　　一个关于交通规则的小故事——

　　多年以前，美国的一个小镇上，接连发生了多起行人闯红灯引发的重大交通事故。对此，不少有识之士提议立一个法规，规范人们如何通过红绿灯，同时让人们知道发生类似事故后各需负什么责任。结果，小镇上的人就立法之事争论起来。他们在报刊上登文章发表针锋相对的意见，在电台组织喋喋不休的辩论，但意见始终难以统一，讨论了十年之久，最终也没有立法。而没有立法不是因为不能立法，而是因为通过十年讨论，交通规则早已深入人心，闯红灯的事再也没有发生过，不需要立法了。

你看，针对一个问题讨论十年却没有得出明确的答案，这似乎是一个做事效率方面的反面教材。而事实上，正是这场讨论让小镇上的人收获了自己希望的交通规则。这就告诉我们：讨论的过程就是学习的过程，反复争论研讨会激发参与者思考与反思，不同观点的相互碰撞会激发研讨者的发散思维。讨论的过程中，人们既可从多方面接收信息，又可从多角度深入思考，直至辩深悟透，彻底解决内心深处的疑问。

那些靠自己直接参与和反复思考而掌握的东西，才有可能是真正的知识。联系课堂教学来说，课堂讨论作为一个教学环节与手段，不仅是一个方法，更是一种有意义、有价值的结果。

03

用这个故事来类比我们的课堂或许并不贴切，我只是想借此说明参与和经历的重要性。课堂教学的确需要一个明确的答案，但是我们不能为了让学生知道答案，而省略掉让学生参与思辨的过程。那些在参与的过程中感悟到的东西也许比结果更重要。

因为长久以来的习惯、过强的目的性、谨小慎微的担忧，我们总是不自觉地把自己的讲解看得比学生的参与更重要，把答案看得比过程更重要。同时，对课堂教学效率的浅层次追求，导致了课堂的任务型驱动，导致教师有一种必须在规定时间内完成规定内容的认知，不敢让学生因讨论问题而"浪费"时间。或许，这就是这节展示课展示给我们的东西。

而在这背后还有着更为深层次的问题：看起来，小组合作学习已经被我们重视到近乎泛滥的地步，几乎所有的公开课、各级课赛都会体现小组合作的学习理念。但事实上，合而不作的表面文章，探而不究的浅尝辄止，才是课堂上小组合作学习的真实状况。小组合作并没有被老师从心里真正认可和接受，而是因为上面的要求、蜂拥的潮流对教学行为的一种裹挟，老师们才不得不装出小组合作的门面来。

这看似是老师们对小组合作学习的一种敷衍或者抗拒，实质上是没有厘清课堂教学中究竟什么最重要。当然，改变这一现状，肯定不是教育行政部门或者教学研究机构一纸命令就可以解决的，它需要每一位老师做出痛苦的改变。

课堂应该有自己的样子

扫码听书

01

前些天，我参加了某县的课堂教学研讨会。会议共有两个环节，首先是各校长交流各自学校的课堂教学特色与亮点，然后是几位骨干教师进行课堂教学展示。在交流环节，几乎每位校长都把自己的课堂教学冠以"高效"二字，并提出了种种名称鲜明的教学模式；在教学展示环节，老师无一例外地采用了小组合作学习教学策略，甚至在课堂上一遍遍地强调"小组合作"这个名词。

虽然汇报亮点频现，课堂教学高潮不断，但我的心里总感觉有一些话不吐不快。

随着新课程标准的实施，课堂效率问题成了教学改革的热门。对中小学高效课堂的探索、研究与交流，一时间成为"显学"，各路课改专家言必谈"高效"，校长、老师们更是对"高效"二字趋之若鹜，似乎谁在谈论课堂教学时不带出几个"高效"，谁就会显得浅薄无知，谁就跟不上时代的步伐，谁就错过了教改的翻滚浪潮。随着高效课堂的愈演愈烈，便出现了与之相配套的小组合作学习教学策略。"合作"一词又成了热门，预习要合作、课上要合作、课下要合作、读书要合作、做题要合作……一时间，"合作"仿佛成了一味时时可用、时时必用、包治百病的良药。

我在私底下与一线教师交流，他们的看法是：各地的所谓高效课堂，以及由高效课堂衍生出来的各种高效教学模式，大多还停留在经验汇报材料里，还闪烁在各种汇报课、展示课、公开课上，并没有给一线的真实教学实践带来多大的影响，更谈不上由此而产生的教育价值和社会效益。而所谓的小组合作学习，则明显存在着"为合作而合作、为热闹而合作"的弊病。课堂上充满激情的手舞足蹈，四十五分钟里的那场盛大狂欢，看起来热闹无比，可谁都知道喧嚣过后学生学不到什么东西。他们都知道有的内容是不需要合作的，他们也知道有些课堂可以是沉寂的，但是他们更明白：他们需要合作给领导看，也需要热闹给观课的人看。

这一切的成因，无非是课改的运动式推进，还有热衷于政绩的革命性运作。

02

课堂是一个很古老的东西，很多人为了课堂的"改观"进行过前赴后继的努力，但从没有哪一次像今天这样大张旗鼓、轰轰烈烈。难道课堂价值的提升除了要大动干戈地来一场翻天覆地的革命外，就没有其他的路径可走了吗？

大卫·贾柏拍过一部纪录片《寿司之神》，描述了一家"值得用一生去排队"的餐厅：铺面很小，仅有十个座位，除了热茶和热毛巾，只提供寿司；它位于东京银座地下一层，连洗手间都没有，但它两度被"美食圣经"《米其林指南》评为三星，这是全球美食的最高荣誉。在日本，寿司很少被列入佳肴或美食，寿司的制作，用百度一查，谁都会做。就是这样一种普普通通的食物，却被已经八十七岁的小野二郎经营到了如此"举世无双"的地步，那么小野二郎对寿司的制作工艺进行了怎样的革新呢？有人曾就这个问题采访过小野二郎。他说，在他的店里，为使章鱼口感柔软，要对之按摩四十分钟；为呵护米饭的弹性，其温度要贴近人的体温；做学徒要先练习拧滚烫的毛巾，随之是用刀、料理鱼，大约十年后才能上台煎蛋……最后，小野二郎说："我用了六十年来做眼前这件事，而每一次都是在重复的基础上诞生新作……别无他法。"小野二郎并不是对简单的东西进行了多么宏大的变革，而是坚持把最基础的食材"把握得恰到好处"，才有了"寿司之神"的美誉。

我忽然有了这样一种想法，我们的课堂何尝不是等待加工的寿司？与其热衷于对其夸夸其谈、百般改造，还不如像小野二郎一样，在基础上下足功夫，让课堂回到原点，给学生需要的，给我们能给的，说不定我们也可以获得"课堂之神"的美誉。即使不能做到这一点，至少也应该明白什么时候合作，什么时候让学生静下来。

这是常识，课堂教学的常识。

03

我认为"高效课堂"的提出本身就带有浓厚的功利教育味道。

从骨子里讲，它是一种服务知识教学的手段，从被提出的那一天开始，就不可避免地会为应试教育所用。在很多人看来，课堂就是让学生掌握知识、获取分数的地方，高效课堂就是让学生快速、高效地掌握知识的课堂。可想而知，以这样的视角和切入点来定位的高效课堂，怎么会成为真正的高效课堂？

再说小组合作学习。从理论上讲，小组合作学习的目的是培养学生的合作意识，其终极目标是促进人的成长。但在现实中，小组合作学习的目的已经功利到"共同提高分数"的地步，合作的目的无非就是让整个小组的分数成为第一。这样的合作，除了衍生相互帮忙作弊的后果外，实在是看不出还有什么价值可言。

新课改以来，全国各地对于课堂的实践和探索一直没有停歇，其中有很多经验值得肯定，也有很多努力值得欣赏。但是，如果我们静下心来去考量，这其中也不乏为了改而改的形式主义，也不缺只追求喧嚣热闹的假课改。

我倒是觉得，课堂不应该一味地穷折腾，它应该有自己的样子。

每一段平静而安详的努力

扫码听书

我们时时会感叹他人的成功,却很少会去端详一个人成功之前的样子,更少有人会理解他人在成功之前的那段沉默时光。

01

我的一位朋友,曾经"停薪留职"离开过教育岗位。几年后政策收紧,国家不再允许教师"停薪留职",他只好放弃正在做的事情回到了学校。那个时候,农村初中正值"不缺人"的黄金期,校长经常拿"下岗"吓唬老师。天天在学校努力工作的老师都要遭受末位淘汰之苦,像他这种好久不做教师工作的人,自然也就只能去做些后勤工作。由于他以前是物理老师,大学里学的是物理专业,按照专业对口的原则,他被安排做水电工。

前些年,我们在一次旅途中偶遇,聊到了各自的现状。他感慨自己沦落为校工后的种种颓废,也谈及自己对未来的迷茫与无助。我颇有些怜惜,像他这样一个正规师范院校毕业的老师,如果一直从事一线教育工作，肯定会在教师岗位上游刃有余。而如今，只因一个特殊时期的特殊选择，他离教师岗位越来越远，几乎到了职业的荒芜期。接下来的聊天中，他无意中谈到学校正在倡导教师开发校本课程。我便建议他把自己爱好无线电的特长与教育工作结合起来，做一个无线电社团，开发一门校本课程。刚开始，他担心这些工作对个人成长不会有大的作用，似乎算不上一门学科。我告诉他，校本课程也有优质课评选活动，更何况这种实践性的学生社团，也算是综合实践活动课程的校本开发，他完全可以试试这条道路。

自那一别，很久未见，不过偶尔会有关于他的消息传过来：社团活动开展得很成功，带着学生参加了很多比赛；校本课程实施得很顺利，开始参加一些优质课评选活动。在网上交流，谈及现在的生活，他显得很满足也很惬意，虽然依然在做水电工的工作，看起来还是"校工"身份，但毕竟有了自己的学生，有了可以带着学生一起行走的机会，似乎也算得上半个一线教师了。最重要的是，他不再焦虑自己的未来，不再追逐职称荣誉等看似不可企及的东西。他沉醉于自己的社团，带着学生玩航模、制作机器人。是的，他把这一切看作是"玩"，没有功利目的、没有既定目标的"玩"。

直到前段时间，他让我帮忙修改自己申报省级名师答辩的材料，我才有机会再次深入他的生活。在材料的末尾，按照材料申报的要求，他罗列了自己近几年获得的一些荣誉奖励：两次省优质课评比一等奖（一次校本课程优质课，一次综合实践活动优质课），省农村特级教师，还有各种学生大赛的辅导奖……按他的话说，这些都是他以前想都不敢想的，而今都成了事实。最近，好消息传来，他通过了省级名师的答辩，成为那所乡村学校有史以来第一位省级名师。

于是，他成了焦点，成了熟人之间议论的话题。很多人说，他的成功出乎所有人的预料，超出了每一个人想象的边界。其实，我倒是觉得，每一段平静而安详的努力之后，人生的轨迹都会有那么一次超乎寻常的跃动。

02

不止一人曾对我说："王老师，看你几年内连续出版了四本书，还发表了那么多文章，真是羡慕！"也不止一人不曾说："这几年他好幸运，书一本本地出，文章一篇篇地发，还到处讲课赚粉丝。"每每至此，我都想告诉他们：其实这一切每一个人都可以做到，只要你付出得足够多。

我的写作大概分为两个阶段，这两个阶段的划分与工作调整有着紧密的关系。2013年，我从学校调入教体局工作，从一个一线教师变成了"机关人"。正因此，我的写作也就从单纯的教育叙事转向了系统的理论写作。所以说，2013年是一个分水岭，既是我教育行动的分水岭，也是我个人写作的分水岭。

2013年之前，无论是作为普通教师还是管理人员，我始终坚守课堂与班级这两大阵地，始终与学生保持着最为直接的联系。这个时期，我可以肆意瞭望教育最为真实、最为辽阔的外在，也可以清晰感受最为具体、最为动人的内在。所以，这一时期的写作主要就是教育叙事写作，在反思的基础上把自己遇到的真人真事写成文章。这些文章大都以叙事为主，侧重于对具体事件的再现与建构，是适合一线教师的一种写作与研究形式。在此期间，我为自己定下的规矩就是"每天一篇教育叙事"。为了完成这一任务，我学会了将白天繁重的教学工作进行统筹，通过提高效率来节省时间。除此以外，我习惯了充分利用晚上的自由时间：别人觥筹交错、推杯换盏的时候，我在安静地读书；别人搓麻将、玩扑克的时候，我在静静地反思；别人呼朋唤友、热闹喧嚣的时候，我在凝神书写。那段时期七百多万字的教育叙事，无不是在这样的寂寞中一字一句斟酌而来。

2013年后，随着工作环境的变化，我曾陷入无限的焦虑之中。没有了学生，没有了朝气蓬勃的一线生活，我的写作进入了枯竭期。看着身边无数由顶级优秀教师沦落而成的"机关人"，我的心中产生了一种从未有过的恐惧感——我害怕自己也会成为这样的人。在一个容易流俗的环境中不从俗，不仅需要强大的精神力量，更需要一种有效的行动方式。很快，我就重拾教育写作，对前期的写作成果进行了必要的梳理、提升与总结，形成了"觉者为师"系列著作。现在大家看到的这四本书，其实就是2013年和2014年的劳动成果。这两年中，除了整理图书补充文稿之外，我还开始尝试将早期的教育实践成果化，进入教育科学研究与学术论文撰写阶段，基本完成了叙事班会、叙事晨会、叙事德育活动等一线经验的学术性提升。2015年后，我为自己制定的目标是系统论述"叙事教育"理念，完成"叙事教育"在理论体系上的建构与实践策略上的创新。从2013年至今，在开展与叙事教育相关的三项省规划课题研究的同时，我为自己定下了每天写出"两千字"的规矩。无论身处何地，无论诱惑多大，两千字的写作任务都可以将我从即将"沦落"的边缘拖拽回来，然后专心致志地进行枯燥的理论研究。我想，近几年，几百篇学术论文的发表，恰是依靠自己定下的"死任务"坚持而来的。

一路走来，我觉得人生就是不断与自己"斗争"的过程，与惰性斗，与诱惑斗，与时光斗。我们总是羡慕别人的一夜成名，总是喜欢议论别人的横空出世，却很少知道他们在与自己斗争的过程中到底经历了些什么。其实，所有看得见的光鲜亮丽，都透着别人所不知的艰辛，都是一场隐忍已久的喷薄而出。

教师需要进行自我怀疑

扫码听书

有一位校长朋友给我看了一位青年教师的工作总结,并让我谈谈自己的看法。

在总结里,这位青年教师罗列了自己取得的一些成绩,梳理了一些工作经验,然后针对教学成绩落后的问题谈了自己的"观点"。他认为,个人教学成绩不够理想的原因有三个:一是学生的学习习惯差,很多同学经常完不成作业;二是班级纪律差,班主任在班级管理方面有欠缺;三是家长素质不高,大都没有能力辅导学生学习。也许这就是很多青年教师的"通病"——成绩与经验都是自己的,失误与不足都是他人的,问题永远在别人身上。

我参加过很多学校的青年教师座谈会,经常会听到他们就自己的优秀教育实践侃侃而谈,几乎所有人讲的都是过五关斩六将的辉煌,很少有人会提及败走麦城的境遇;我也列席过一些学校组织的恳谈会,经常听他们讲如何将教育实践中的"败笔"巧妙地归于环境和现实的局限,然后对自己的"不幸遭遇"大发感慨。每每至此,我都想问一问他们:是否想过自己的教育实践有哪些不足,是否该学会对那些不令人满意的结果负责任?

其实，对于教师来说，除了要有足够的自信梳理经验、总结成果，还要有进行自我怀疑的勇气与能力。所谓自我怀疑，就是一种针对自我的自觉本能，是在历经一段时间的努力之后，主动对自我进行的深度审视、严谨追问以及积极否定。而事实上，大多数教师缺少自我怀疑的意识。比如说，一节课讲得不够令人满意，很少有人会去质疑自己的课堂教学设计存在问题，而会强调一些自身之外的客观原因；一节课讲得足够顺利，更鲜有人会去琢磨怎样改进会更好，也不会去考虑是不是外在的因素促成了这节课的顺利。这都不是最可怕的，最可怕的是，无论这节课满意与否，它都将在另一个班级中被复制，甚至几年、十几年不变地进行重复。

人最难的是认识自己，最容易的是评价别人。因为认识自己需要从自我怀疑开始，需要先进行自我否定，在不断的自我否定中实现对自我的系统认知，然后才有可能获得成长和进步。当然，这种自我怀疑不是对自己失去信心，更不是对未来悲观失望，而是对自我主动进行的一种辩证觉察。这里面有两点尤其重要：一是主动，二是辩证。"主动"是说，这种怀疑是教师自觉开展的一种认知活动，是可控的、朝向利好的实践行为，是为了更好地看清自我、了解自我而实施的自我梳理。"辩证"是说，这种怀疑应该建立在自我肯定的基础上，是在充分认可自我、欣赏自我后开展的自我思辨，是将自己作为一个完整人来审视的思维活动。也就是说，这种自我怀疑既不是失去信心后的自卑，也不是悲观失望后的颓废。相反地，它是一种积极的自我诊断和治疗，是教师自我成长的开端。

方仲永因为"不使学"由一个"邑人奇之"的神童，而"泯然众人矣"。其实，当下也有很多"方仲永"，一些老师课讲得好，教学成绩也不错，却从不主动怀疑、自觉反思，一味地自我感觉良好，日复一日地简单重复。久了，也就如方仲永一般"泯然众人矣"。

　　如此，一句"泯然众人矣"，应该可以概括很多人的隐痛。而化解的良药，大概就是走向自我怀疑。

感谢那些炼狱般的努力

扫码听书

在讲他的故事之前,得先交代一下背景。

20世纪80年代末90年代初,我国的乡村教师队伍结构成分十分复杂。从教师身份来区分,可以分为在编教师、以工代干教师、省在编民办教师和临时代课教师。在山东,临时代课教师又分为两类:一是在县级教育行政部门备案的临时代课教师,二是学校自己聘任的临时代课教师。最初的时候,这两者并没有什么区别,都是没有转正资格的临时工,与省在编民办教师相差一大截。后来,地方政府出台政策,凡是在县级教育行政部门备案的临时代课教师,一律享受省在编民办教师待遇,可以通过考试分批转正,变成正式在编教师。

他就是那个时期在县级教育行政部门备案的临时代课教师,后来通过考试成为正式在编教师。刚刚做教师的时候,他仅有高中学历,后来通过函授,取得了大专学历。他转为正式教师的时候,专科毕业的师范生已经开始被大量分配到乡村学校,他所在的乡镇每年都会涌入二三十个专科毕业生。在这些高学历(当时专科就算是高学历)教师面前,他先是自卑了一阵子,毕竟自己的专科毕业证与人家第一学历的专科毕业证,差距太大了。

他曾教过我一年英语。后来，我和他在一所偏远的学校成了同事，他曾经多次和我聊过对未来的担忧——以他不善人际交往的性格，相对薄弱的学历，有限的知识储备，怎么和那些大学毕业生们赛跑？事实证明，他的担忧很有道理，与他同期转正的民办教师，大都在被课堂和学生淘汰之后离开教学岗位，然后悄无声息地退休，回到了自己的村庄，回到了自己最初的身份。我以为，他也会这样。

我和他只共事了一年的时间，与他教我的时间一样长。我离开那个联中后，就很少听到他的消息，慢慢也就淡忘了这个曾经的老师兼同事。后来，我到一所大学去给国培班讲课，中午休息的时候逛了逛美丽的大学校园。无意之间，我在历史学院的宣传版面上，看到了他的名字，我以为只是重名而已。可细细察看一阵子照片，又觉得特别眼熟，很像他。名字一样，长相相近，难道是他？这个想法很快就被我否定了：怎么可能？这个宣传版面上的人——历史学博士、大学教授、博士生导师，怎么可能与他是同一个人呢？

一天的授课结束，晚上与继续教育学院的领导一起吃饭，顺便讲了自己的困惑。继续教育学院的领导很爽快地与他通了电话，竟然真的是他。我去拜访了他，他讲了自己的经历。原来，他感觉到自己的卑微之后，并没有向卑微低头，而是萌发了绝地超越的勇气。于是，他开始苦苦自学，最终考上了硕士研究生，然后又读了博士，毕业后进了这所大学做了教师。今天的他，在学术上成果颇丰，受人景仰。当我向他表达自己的敬意时，他连连摆手，谦虚地说："农村教师出身，怎么努力也摆脱不了那股卑微劲，与那些起点高的人相比，各个方面还是差很多呀！"

我并不认同他的这个观点。相反地，我对那些起点很低、基础很差，却能走得比其他人更远的人，始终心存敬畏和钦慕。虽然这样的人，人生中或许总有一些粗鄙的缺陷无法修复，但他们身上一定存在着让人钦佩的某种特质。也恰是这种特质，帮助他们超越了那些起点高的人。

离开他家回宾馆的路上我一遍遍梳理周围那些与他相似的人。在这个世界上，总会有一些人被命运薄待，从出生时就自带坎坷与苦难。有的人认了命，成了命运的俘虏；有的人进行了抗争，获得了生存的质量。那些与生俱来的差距，肯定会给我们带来极大的痛苦。但是，只要这个痛苦没有把你杀死，炼狱就会成为一种奋起直追的力量。所以，我们需要感谢的，也应包括那些炼狱般的痛苦。

努力挤到一个很上进的圈子里

扫码听书

01

儿子有一个习惯,吃煮鸡蛋的时候从来不吃蛋黄。这个习惯,源于他小时候的一段生活经历。儿子出生的时候,我们住在农村老家,直到他上小学以后,才搬到镇上的生活小区。因为我们需要赶到离家十几里地的学校上班,所以他大量的时间就与我的父母生活在一起,一日三餐都跟着他们吃。

我的父亲喜欢养鸟,最多的时候养到了三十多笼。在那个很小的院落里,鸟笼只得以立体模式摆放,需要上上下下摆上好几层才能够勉强放下所有的鸟笼。父亲的养鸟经验很丰富,特别是对刚刚孵出的幼鸟,更是有自己独到的一套养育秘籍。这其中最重要的养鸟法宝,应该就是他亲手制作的鸟食,据说对鸟的身体发育极为有效。鸟食的做法其实很简单,就是把买来的成品饲料与搓碎的鸡蛋黄掺在一起,然后用力搅拌均匀,如此就成了颇具营养的高级鸟食。

在那几年里,父亲每天都会煮上一大盆鸡蛋,然后把蛋白和蛋黄分开——蛋黄喂了小鸟，蛋白就留给自己的孙子吃。自然而然，儿子对鸡蛋的认知就是煮鸡蛋好吃，而吃煮鸡蛋就是吃蛋白。慢慢地，这竟成了他的一个饮食习惯，或者说是生活上的一个癖好。直到现在，每次吃煮鸡蛋的时候，儿子依然要把蛋黄彻底清理干净，一点蛋黄碎渣都不留。

今天与儿子一起吃饭的时候，他习惯性地又把蛋黄放进了我的碗里。我们聊起了他的这个习惯，也聊到了在农村老家吃蛋白的那段时光。儿子说："小时候吃煮鸡蛋吃的就是蛋白，吃久了也就习惯了蛋白的味道，而对从没吃过的蛋黄无形之中竟然心生排斥。"你看，一个人喜欢什么东西往往是在品尝过、经历过之后，而不喜欢什么东西则未必需要亲自去验证，单凭想象就可以做到。

人生的很多习惯的确如此。长期坚持做一件事情，这件事情就有可能成为生活中的一份欢喜，而那些不敢去尝试的东西则可能沦为自我的一种畏惧。而无论是欢喜还是畏惧，久了，也就成了习惯。我经常听一些年轻教师谈论成长，通常的说法是——我愿意去成长，可总觉得那是一件很难的事情。我很想问问他们：你去做了吗？如果做了，你坚持了吗？如果坚持了，你坚持了多久？

有成长的愿望，就该毫不犹豫地去成长，直至坚持为一种习惯。否则，你就可能养成另外一种习惯——坚定地以为成长很难。就像儿子从没有吃过蛋黄，却认定蛋黄是一种不值得喜欢的食物。

02

其实，成长这件事最难的不是迈出第一步，而是坚持下去。

最近，叙事者公众号在做一个"讲述"栏目，专门刊发团队成员撰写的成长故事。阅读这些故事，你会获得一些关于成长的启示。

安徽霍邱县的焦娟老师是一位有着二十二年教龄的农村学校中层教学骨干，她像绝大多数中年教师一样，历经过拼命教好学、努力讲好课并且"战果"很丰硕的辉煌时期，也同样面临着职称晋升受挫、选调失败等现实的尴尬。当付出与收获无法对等，当理想与现实无法契合，大多数人都会选择随波逐流，甚至因此而灰心丧气，一步步走向倦怠和沉沦。也就在此时，她看到了董艳老师，一直在她身边默默成长、暗吐芬芳的"小老师"。董艳老师的文字人生以及超脱世外的坦荡，对焦老师产生了巨大的影响。也正因此，焦老师决定要像董艳一样用平常心对待教育生活，用文字营造一片属于自己的自由天地。其实，在人生的关键节点，你看见什么很重要——看见了美好，你就会走向美好。

山东荣成市的毕乐春自诩为一位到了"老太太年纪"的老师。用她的话说，"在余下的岁月中行将就木般生活，将是怎样的一种无奈和悲哀"。她想对抗生命衰老的自然规律，却又自感岁月不饶人。这个时候，雪梅教师读写团队的刘兰芳老师出现在她的生活里，极力鼓励她参加读写团队。几次推脱，最终没有拗过刘老师的执着，毕乐春勉强答应先试一试，找找感觉。进入团队后，她被团队成员们追逐成长的韧劲、逼自己成长的狠劲和抱团成长的团结劲所感染，下决心一定"不会放弃与岁月斗狠的机会"，继续用成长丈量余下的生命时光。你看，遇见一个人就有了新的开始，遇见一个团队就有了坚持下去的力量。

其实，绝大多数老师内心里均埋藏着一粒愿意成长的种子。只不过，岁月的匆忙与生命的琐碎很容易让人选择忘却，忽略让种子生长的可能与机会。这个时候，往往需要一些人、一些事，在恰当的时候给出一点暗示甚至是敲打，帮助遗忘者唤醒那粒种子。

03

每个人在生活中都会养成各种各样的习惯，也都会逐渐习惯于某种固定的生活状态。所谓习惯，其实就是生活中无意识行为的一种固化，这种固化的形成大多是因为生活中有着过多的沿袭和重复，有着过多的封闭和自我。打破这种习惯的最好方法，就是把生活的大门打开，让更多的人和事参与到自己的生命中来。

活到今天终于明白，一个人生活在怎样的环境里真的很重要。一个充满活力、激情和乐观的工作环境，足以让你精神振奋、阳光而温暖；一个充斥着颓废、僵硬和腐朽味的空间，足以扼杀一切理性和行动。所以我们说，一个人要想真正获得持续不断的成长，除了自身的坚持，还需要努力挤到一个很上进的圈子里。如果不能，那就让自己一直在向里挤的路上。

在闲散的时光里播下成长的种子

扫码听书

01

一场突发的疫情,强制性地改变了我们的生活。对于老师们来说,是不是在家赋闲已久?是不是还要继续在家赋闲一阵子?这些时日里,你的生活是怎样的?在某一个偶然时刻,你会不会想起,这其实就是你曾经希望的生活——不用早起,不用上班,天天宅在家里。甚至,你会不会想起,自己曾经对这样的生活许诺过什么。

如果你已经忘记了,那么我们一起来做一个简单的回忆。你是不是曾经告诉过自己,如果有大把的闲散时光,我将——

把落下的备课补上,再提前备好一个月的课,再也不做那个备课落在后边的人;

把那些因为匆忙而粗制滥造的工作计划撕掉,重新做一份有质量、有水准的规划;

把那些想读而没有时间读的书读完,然后再把应该读而不愿意读的书啃出来;

把那些想写却没有时间写的故事和经验写出来，也许可以写成一个系列、一本书；

给阳台上那些几乎被忘掉的花草做一次精心的修剪，然后泡上一壶茶，开始各种各样的忙碌；

……

而现在，当大把的时间攥在我们手里时，我们又做了些什么呢？睡觉，无节制、无头无尾的一大觉；刷手机、刷电脑，漫无目的地点击没有营养的文字和视频；发呆、发愣，脑子越来越混沌，越来越空虚。一天的三餐变成了两餐，甚至可能是一餐；白天和黑夜颠倒了个，在白天做着夜里的梦。偶尔，也会对自己的生活不太满意，也试图做过逃离的努力和挣扎。可是，无聊的魅力太大，我们已经失去了打发掉它的能力。

以至于，我们连逃离空虚的愿望和想法也快没有了。

02

很显然，我们缺少应对闲散时光的经验，更没有与之匹配的能力。那么，面对悠闲与绵延的时光，我们需要些什么？

一个完整而系统的成长主题。空虚大都是因为心中无目标。这一次，我们拥有的时间实在是太多，所以需要一个支撑全程的中心任务，也就是要为长期闲暇定下一个比较恰当的成长主题。毫无疑问，这个主题的基调应该是需要与喜欢——做你需要做的事情，实现你想达成的心愿。比如：一本书的写作计划，或者一个系列的写作规划；几个单元的备课任务分配，或者一个学期单元练习题的设计；一个课题研究项目的开展，或者一个科研主题的深入。有了生活主题，我们就可以开始制订具体的日程，也就是我下面要说的"作息计划"。

一份细致而周全的可行计划。在链条的主导之下，真正可以触摸的是那种小而具体的一日计划。类似于：几点起床，几点休息；这一天要读哪本书，大概读到哪一章节；这一天要写几篇文章，大概写到多少字为止；这一天打扫家里的哪些房间，要不要整理书橱、衣橱；这一天听一组怎样的歌曲，看几集电视连续剧……越具体，可操作性就越大，精力和注意力被调动的可能性也就越大。当然，这份计划里所列的事项要以上面的生活链条为主，在主链条之外再安排可以丰富生活的其他事情。这些事情的搭配其实很重要，必须做到统筹兼顾——要有文的也有武的，要有脑力活动也要有体力活动，要有安静的也要有热闹的。如此，才可以让生活起起伏伏、跌宕有趣，而不是波澜不惊如死水一潭。

一种持久而强大的支撑力量。其实，计划也好，规划也罢，都是极其容易制订出来的东西。问题在于，你怎样才能把计划落实下去。说起来容易做起来难，坚持下去更难。抵抗惰性，对抗慵懒，凭一己之力往往很难实现。因为，每一个人都善于说服自己趋向安逸，不愿逼迫自己迎难而上。所以，我建议老师们主动去寻得一种督促自己的力量，比如在某个层面的公开承诺，比如邀请自己的孩子监督见证，比如三五好友相约而行……方法不一而足，重在有效而可行。

03

有这样一个小故事——

一天，师父把三个徒弟叫到身边，问他们："假如一块地里长满了草，你们有什么办法把那些草弄干净，并让地里从此不再长草呢？"

大徒弟说:"那很容易呀,用锄头把那些草连根刨掉就可以了。"二徒弟说:"用火把那些草都烧了。"老三说:"我把地翻个底朝天,让太阳把那些草晒死就可以了。"师父听完笑了笑说:"你们的办法都不错,你们就按自己说的去试试……"三个徒弟听了师父的话,就分别按自己的办法去做了。

可是第二年那块地里又长满了草,而且比第一年更加旺盛。他们又去找师父,不幸的是,师父去世了。他们在整理师父遗物时发现了一张纸,上面写着这样的话:"要让那块地里不长草,唯一的办法就是在地里种满庄稼。"

我们每一个人都不愿意让时光荒芜,更舍不得虚度生命。只不过,有时候我们找不到合适的方法而已。细细品味三个徒弟的办法会发现,他们无外乎都是在做除草的工作——刨根、火烧、日晒都是一时解决了问题,把看得见的杂草清除得一干二净。而师父的做法,则更进一步,在暂时干净的土地上撒满种子,让茂盛的庄稼彻底挤掉杂草的生存空间。

如此,若想让闲散的时光充满生机与活力,也需要两个步骤:一是清理掉影响成长的因素,远离一切可能让自己停下来的诱惑;二是在闲散的时光里种下成长的种子,比如成长的主题、可行的计划以及每一种支持的力量。

第四辑

活成自己希望的那个样子

  不想在悠闲中慢慢慵懒的我,不得不千方百计为自己制造紧迫感,为自己要做的每一件事情定下最后期限。在与舒适抗争的这段时间里,我有了一个很深刻的感悟:抵抗悠闲,远比克服命运的逼仄更艰难。

别怠慢了自己的精神生活

扫码听书

先从李老师的故事说起。

李老师是我多年的朋友,在农村学校工作多年,是那种讲课不知道累、作业检查及时到位、大考小考都认真准备的勤奋型教师。再加上他对学生要求严格,时间上也抓得紧,他的教学成绩在年级中稳居第一名。李老师很享受这份职业荣耀,特别是面对他人或欣赏或崇拜的目光时,更会有一种强烈的成就感。但他的内心也有不安和焦虑,总是担心自己会被别人超越。每次参加学校组织的活动,他都会高度紧张;每次考试前,他更是夜不能寐。他感觉自己好像被绑在了一辆永不停止的战车上,天天不断地拼命与他人较量、竞争。后来,他进入一所市重点中学工作。在新的学校,他的严格管理和赴难般的勤奋似乎没有起到多大作用,第一次统考他所带班的成绩只达到了中等水平,这让他的自尊心受到了极大打击。于是,他把心思全部用在了工作上,没有了业余生活,没有了个人爱好。即使这样,他也没能再拿到第一,教学成绩始终在中下游浮动。这让他感到很失败,郁郁寡欢中有了轻度抑郁倾向,无论看到谁都觉得人家在嘲笑他。最终,他不得不放弃班主任工作,并由"主科"改教"副科"。他经常说:"我该怎么办？没有人再看得起我了！"

李老师的困惑反映出其个人精神生活存在的问题——自我认知完全依赖外在评价，没有建立起自己独立的价值标准。所以，当在现实中遭遇到挫折和阻碍时，就没有可以消融情绪与抵抗失败的精神防御力量，缺少一个可以安放疲惫与不安的精神避难所。其实人同时存在于两个世界，一个是现实生活世界，一个是精神生活世界。现实生活世界具体而繁杂，通常会有数不尽的对比、纠缠和争夺；精神生活世界则是超越世俗的一种自我建构，追求的是一份"不以物喜，不以己悲"的深远与豁达。也许李老师的问题就在于，他打破了人类现实生活世界与精神生活世界的统一性，缺失了精神生活世界的建设与跟进。

我有十八年的一线教师工作经历，懂得普通教师生活的平淡、琐碎与忙碌。真实的教师工作，远没有想象中清闲与轻松，更不像影视剧中那般浪漫与美好。大多时候，教师会埋头在备课、上课、批改作业以及没完没了的学生问题之中。简单重复的日常生活，很容易磨损教师的激情与骄傲。慢慢地，很多人也就习惯了接受与放弃——接受当下的平常，放弃可能的努力。更为严重的是，这种心甘情愿在教师群体中并不少见，生活于其中的人无论看向哪方，都可以发现与自己一样庸常的同事，自然也就愿意把自己的挣扎丢弃得一塌糊涂。活在眼前，紧盯脚下，小富即安，为一分一毫的高低上下而计较，为冰冷的分数和名次较劲，正是多数教师的真实生活写照。当然，这种生活方式并非教师个人主动选择的结果，而是教育生态、社会环境等各方面因素综合影响的后果。所以，当我们无法选择现实生活时，精神生活的富足与丰盈就显得尤为重要。

教师如果缺失了精神生活的滋养与扶持，就容易受制于外在的诱惑、冲击与绑架，从而让自己陷入"不得不随波逐流"而又"不愿自甘堕落"的两难困境。一个人在最初成为教师的时候，大都会有一些精神上的追求，也会有美好而浪漫的情怀。走着走着，这份还不够丰富的精神世界就会被改变、被破坏。我所说的不够丰富，既包括信念上的不坚定，也包括系统上的不完整。比如，几乎所有的教师都知道学生成长需要的不仅仅是分数，也会做出一些为未来和素养而教的努力，但当升学的压力和排名的打击降临到面前，很多人就会选择为分数而教。这份放弃，既说明教师的信念不够坚定，还没有能力用自己的精神世界抵抗现实世界中的不安；也反映出教师的精神结构不够完整，在自己的精神版图中找不到一条可以安顿现实困惑的路径。

其实，在教师群体中并不乏和李老师一样陷入现实生活的泥沼而又找不到精神寄托，看不到诗和远方的人。他们或许曾经暂居高位，有光环和掌声环绕，但只有他们知道自己的功成名就有多么脆弱，多么经不起推敲。从这个意义上来说，有些教师是在有意或无意中被迫怠慢了自己的精神生活，而有些教师则是主动妥协、自愿投降。而无论哪一种情况，那些被怠慢了的精神生活都会在不知不觉中报复已有的现实世界——当他在现实生活中遭遇挫折或碰壁时，没有一种力量可以支撑起他的精神和灵魂，也没有一个空间可以让他躲避、修复和重新再来。于是就有了颓废，有了沉沦，甚至有了悲剧。

对于教师而言，精神生活的丰富与否，往往会决定职业质量与生命品质的高低。

只因为那一次遇见

扫码听书

假如没有那次遇见,我不知道自己会走成什么样子。

01

2009年9月,我从一所农村学校调入一所城郊学校。这次调动,远没达到当时的心理预期,我的心情郁闷到了极点,整个人生似乎跌入了低谷。

就在这时候,我偶然发现这个小小的学校里,竟然有一个宽阔安静的阅览室,里面存放着各种各样的报纸杂志。这大大出乎我的意料,一所为教师提供阅读场地的学校,兴许不会坏到哪里去。在那里,我邂逅了这份以"教师"为关键词的报纸《中国教师报》。那些带着一线生活烟火味的文字每每让人微醺,我沉浸在了文字里,心里的烦恼被暂时搁置在了一边。在那段灰暗混沌的日子里,《中国教师报》带我进入了另一个清明的世界,让我鼓足勇气开启一段新的教育生活。

2009年11月，我的一篇教育叙事《教比罚更有力量》在《中国教师报》上发表。样报寄来的时候，恰逢教务处的领导来办公室检查教学业务。陈清奎主任翻看着报纸惊呼："小王，你真了不起！你是我见到的第一个在国家级报刊上发表文章的老师，前途无量，前途无量啊！"自此以后，陈主任无论在什么样的场合，都会拿我发表文章的事"炫耀"。我这个农村教师，就在这样的炫耀下，一点点被人接纳，也一点点敞亮了内心和情怀。读报，写稿，说起来都是些再正常不过的事情，却带着一个低迷的灵魂走向了光亮。而躲在背后的那份报纸，肯定不知道在遥远的小城里，在一个普普通通的老师身上，她曾经那样热烈地散发过光芒和热。

我想，《中国教师报》一定在更多人的心里播种过类似的种子，给予过他们向上的力量和不动声色的鼓励。

02

后来，我在《中国教师报》上发表的文章越来越多。再后来，就与编辑熟悉了，得到的鼓励和支持也不再是"不动声色"的，而是摇旗呐喊般的撑腰鼓劲。

众多编辑中，与我交流最多的是宋鸽老师。2013年寒假期间，宋老师回老家过春节，约我一起组织个小型的教师座谈会。见面以后才知道，原来《中国教师报》的编辑也有"寒假作业"，每次休假期间都要进行基层调研。因为春节刚过，中小学校里没有老师上班，这次的小型座谈会就以"墨缘读写社"的成员为主。也就是在这次座谈会上，宋老师了解到了我正在做的一件事情——推动教师读书和写作。

那时候，我已经在做"叙事者"——以教育叙事写作为主要行走方式的教师成长小团队，"墨缘读写社"就是其中之一。当宋老师了解到各个小团队分别由同一所学校的老师组成，团队之间彼此没有任何互动交流后，她开玩笑说："这似乎有点军阀割据的味道，应该试着去改变！"随后的交流频率越来越高，她介绍了很多自己采访过的教师成长团队，把他们的特色进行了分析和对比，并就叙事者今后的行走方式给出了很多建议。

2014年9月17日，《中国教师报》以《准备好一颗愿意成长的心》为题报道了我的个人成长之路。在大篇幅介绍了我在教育叙事写作与研究上的实践之后，宋老师专门在文章的末尾写下了这么一段话："王维审牵头组建了一个开放的、区域的、互助成长的青年教师成长团队。依托网络和人脉，王维审把国内一些名师和特色教师引入导师团队……"

这段简单的文字背后，是叙事者由一个个学校团队走向区域团队的历程，也是宋老师所说的团队扩容、增色，逐渐趋向标准团队的实践成果。

03

2016年1月23日，我在博客上发布了一篇博文《寒假，你敢挑战吗》。在文章中，我邀请老师们参与"叙事写作挑战"活动——寒假三十天坚持每天撰写一篇五百字以上的教育叙事。这个看似游戏的挑战活动，其实是"蓄谋已久"的叙事者集结号。

宋鸽老师说，叙事者如果一直拘泥于一个县区，就会始终是一潭不会流动的死水。想让它活起来，就得打破地域这个无形的界限，想办法凝聚一批真正喜欢教育叙事写作的同行者。于是，就有了这次挑战。

2月22日，元宵节。在挑战活动的最后一天，宋鸽老师从北京赶到了临沂，和我们一起商讨从"挑战活动"到成长团队的转型。也就在那一天，通过挑战活动凝聚起来的四百五十余人组成了一个核心团队，再加上前期的已有团队，叙事者教师专业发展共同体正式成立。此时的叙事者，成员来自全国各地，从形式上完全具备了"共同体"的样式。

宋老师说，共同体的本质不在于群体的壮大，也不在于分布地域的广泛，而在于内在精神的培育。于是，一群人一个通宵就将叙事者的团队章程、文化形象、管理模式等完美设计了出来。23日凌晨，大雾弥漫，叙事者团队的行走方式却越来越清晰：共读，每月共读一本书；共写，每周共写一篇教育叙事；共学，每月一次网上研修；共研，每人找到一个研究方向。这就是叙事者至今仍然坚持着的"四大行走方式"。

四年的时间，叙事者已发展成为颇具影响力的教师成长团队，《中国教师报》的指导、支持贯穿全程。这其中不仅有宋鸽老师，还有众多编辑：《教师成长周刊》马朝宏主编，专门为叙事者团队开设了暑假专版；《文化周刊》金锐主编，亲自领读叙事者的读书活动……

如今，一批优秀的叙事者成员，晁栋梁、周庆吉、王洪梅、毕寒……纷纷成为《非常教师》栏目的主人公。他们都是最普通的一线教师，却有着非常独特的实践魅力。周庆吉说："我这样一个偏远乡村的小学老师，从没想到过会有登上国家级报纸的荣耀。"

这就是"顶天又立地"的《中国教师报》，既高瞻教育前沿、关注教育顶端，又脚踏实地、关照平凡，让众多像我一样的普通教师，有机会接近、走进，并获得力量和支撑。

2009—2020，不过十一年的时间，只因为那一次遇见，一切都在发生着不可预知的改变。

自知是一种很重要的品质

扫码听书

很多时候,我们根本无法看清楚自己。或者说,看清楚自己,算得上人生中最难的事情。

01

同事让我申报"某某好人"。纸质表格拿到了我的办公室,装有电子版申报表的 U 盘插进了我的电脑,我还是坚定地拒绝了这份好意。

理由很简单,我不确定自己算不算"好人"。

后来,我还真是认真地想过这件事,自己到底算不算好人呢?

首先,我几乎没干过什么坏事。从小胆子小,所以连偷桃摸瓜的勇气都没有,以致整个童年时期基本上没有人跟我玩。十岁左右的孩子,不敢爬墙摘别人家枣子的,基本上就属于"懦夫",往往就会被边缘化到团伙之外。而我,就是那个别人家枣子掉到墙外都不敢捡的主,你说,谁还会跟我玩?

其次，我做过一些杂七杂八的好事。比如，看见乞讨的人，一般会给他们一些吃的或喝的；遇到上不去坡的三轮车，一般会伸手相助推上一把；看见别人掉了钱，肯定会大声告诉丢钱的人；在公交车上，遇到比我年龄大的，通常会让座位给他们……

人生履历的质地很干净，又有这些好事支撑着。无疑，我是好人，可我却不敢参加"好人"评选。原因有两个：一是人家评出来的"好人"需要有大悲大喜的"好"，事迹就算不能惊天动地，至少也得有像"父母去世还坚守教学岗位""孩子高烧四十度还要继续讲课"之类的好。我的那点好，与这些比起来，基本就是小巫见大巫了。第二个原因最重要，这样的评选是需要网络投票的。既然投票，就免不了"拉票"，而我的脸皮在生理上比较厚，在精神上却比较薄。确切地说，不是比较薄，而是很薄——求人帮个小忙都不好意思开口，怎么能求别人夸自己呢？

这两点，足以让我对评出来的"好人"心怀敬畏，同时也更加觉得自己的好肯定经不起这样的评选。所以，选择拒绝。

02

朋友间闲聊，聊到了"最美某某"评选。

朋友去年参加过"最美教师"评选，在这一方面感触很深。学校领导动员他参加评选时，他也有过像我一样的担心和考虑，但拗不过领导的说辞，便应了下来。一开始，他感觉"拉票"也不是什么大不了的事，大不了在自己的朋友圈里发一发消息，要好的朋友肯定会投上一票。如果再有更知心的朋友转发一下，弄个几百票肯定没问题。

然而，事情的发展完全出乎他的意料。

朋友人缘不错，朋友圈一发，半天之内就有了近千票，比其他几个参赛者高出许多。朋友很欣慰，感觉自己得到了别人的认可。可下午再看时，别人的票数却已经远远超过了自己。周围的人开始劝他：动员一下学生家长吧！有人还列举了很多老师利用家委会"拉票"的例子。

这就超出了朋友的底线。在朋友看来，主动出击"拉票"有失尊严，动用家长资源的事肯定不能做。于是，朋友决定不再发圈，选择退出这样的角逐。再看投票页，绝大多数人也基本上处于静止状态，票数增加得极慢极慢。朋友说，他和几个同事开始把这场比赛当作"戏"来看，时不时地翻看一下。在投票进行到第三天的时候，有些候选人的票数出现了井喷式增加：在短短时间内，很多人的票增加了几千甚至上万。

这怎么可能？朋友和同事们都惊呆了。即使是明星，在几分钟内票数成千上万地增加，也令人不可思议。更何况，一线教师的圈子都不会太大，该使的劲在最初的两天基本都已经用尽，票数在第三天怎么会增加如此迅速呢？更好玩的是，有几个票数较高的人开始竞争，你增加两千票，我就增加三千票，数字在此起彼伏地增加，并且都是在很短的时间内完成。

就在这时，朋友接到了一个陌生电话，说自己是"网络推广公司"的人，建议朋友花点钱给自己"刷票"。电话里的人说："我看你的票比较少，如果你想像那些票数多的人一样迅速提高票数，我们可以帮你。"

朋友断然拒绝。

03

我发现,"最美"与"好人"竟然如出一辙,在以同样的方式考验着人性。

有时候我在想,那些依托各种评选站到某个至高点上的人,他们是不是就一定是那个领域真正的佼佼者?现在看来,答案是否定的,至少值得怀疑。在某个不为人知的角落里,一定存在着比"最美"更美的灵魂,也一定隐居着比"好人"更好的心灵。只不过,他们没有机会、机遇或者平台,也可能根本就不愿意参与这样的评选与竞争。所以,那些站在塔尖上的人,至少要符合两个条件:一是自己想登上塔尖,并愿意为此付出努力;二是迎合各种标准和规则,恰好成为最适合站在塔尖上的人。这其中,第一点最重要,因为那是基础和动力。

由此可见,自知是一种很重要的品质。知道自己想要成为什么样的人,就能够知道自己最需要什么。如此,一个人的心灵就会变得宁静,既不会去艳羡别人的光辉与幸运,更不会为自己的失去而懊恼或痛苦。

这样的人生里,才会有自己的样子。

为自己守住一块净土

扫码听书

因为写作,认识了很多有趣的写作人,他们的生活或者遭遇,有时候对我们来说也是一种警醒。

01

小文,就像他的名字,文文静静的一个年轻人,放在人堆里一点也不显眼。

小文一向独来独往,很少参与办公室里那些家长里短的讨论,给人的感觉似乎有点另类。学校里的同事因此很少关注到他,他也懒得理他们。

有一天,小文的一篇文章在杂志上发表了,办公室里的人便开始议论:这家伙,原来不声不响地在那儿写文章呢!后来,小文发表的文章越来越多,学校里的老师都知道他会写文章,连校外的人也开始知道小文是个写作高手。

也就是从那时起,小文成了大家关注的焦点。而关注的目的,无非是想让小文帮忙发表文章。一开始是本办公室要好的同事，写了篇文章让小文帮忙修改。小文认认真真地调整润色，并帮着向杂志投稿，这篇文章还真就发表了。其他同事一看小文有这本事，便纷纷请小文帮忙。小文虽然感觉有压力，却也不好意思拒绝——已经帮了那个，又怎么能不帮这个呢？后来，不仅是同事，周围学校的老师也千方百计托熟人打招呼。再后来，一些人的要求开始升级，不再是请小文帮忙修改，而是直接要求小文代写文章。并且，凡是提出这种要求的人，都有着小文无法推脱的背景。

原本安静如水的小文开始变得焦虑不安。眼看要求帮忙的人越来越多：帮，实在是没有那么多精力；不帮，就会把所有的人得罪干净。小文再也没有心思去创作，不仅文章发表得越来越少，还对写作产生了恐惧感。

早知道，就不该去写文章，更不该发表文章。此时的小文，经常这样想。

02

小张喜欢写作，在小县城的教育系统里小有名气。

一天下午，校长把小张喊到办公室，在夸了一阵子小张的写作能力之后，表示自己打算提携一下小张。提携的方式，就是让小张接替学校的"笔杆子"。学校的"笔杆子"是学校的办公室副主任，负责学校各种各样材料的撰写工作。最近，由于副主任要被提拔为主任，办公室缺了个写材料的人。无疑，小张成了最佳人选。谈话结束前，校长暗示小张：写稿子的人进步快！

这倒是一句实话。这年头，会写文章的人很少，各单位都缺写材料的人。而通常来说，每个单位写材料的人只要不出大的问题，都会在一段时间后得到提拔。小张虽然没有什么被提拔的愿望，但校长已经开了口，自己再推辞就有些说不过去，便答应试一试。

小张接的第一个活儿就是给校长写讲话稿。那是一个班主任工作总结表彰会，校长需要讲一讲班主任工作的重要性，还要对班主任工作提出指导性意见。这是小张的强项，前不久刚有一篇相关的文章在一个比较重要的杂志上发表了。小张以这篇文章为蓝本，结合校长的语言风格，很快完成了一篇讲话稿。会议结束后，校长对小张的稿子很满意，小张也就算是学校正式的"笔杆子"了。

校长的认可无疑提高了小张的威信。不仅校长的稿子要由小张来写，副校长们也争相把写稿的任务交给小张，各科室主任们也趁机"请"小张帮忙。除了这些，学校的工作计划总结、各科室的计划总结、各种汇报材料、各式各样的申报材料，甚至连大小领导的个人述职、总结、优秀申报材料都集中到了小张的手里。

小张这个"笔杆子"只是个兼职，是除了正常教学任务之外的分外活。本就繁重的教学任务和纷至沓来的材料，让小张疲于应付，生活陷入了前所未有的困境。更重要的是，学校工作材料大多是毫无创造性的公文写作，与小张喜欢并擅长的文学创作格格不入。长时间的公文写作，慢慢抹杀了小张的文字灵性，以前那种清新的气息，在他的文章里再难以见到。

那个会写文章的人已经不会写文章了。小张在自己的QQ签名里留下了这么一句话。

03

老侯还很年轻的时候，就经常写点东西，时常会有文章发表。

老侯还是小侯的时候，写的文章内容比较广泛，散文、小说、诗歌样样都行，教育文章、励志鸡汤、家教时政也都有涉及。眼看文章发表得越来越多，老侯收到的艳羡也与日俱增。这个时候，老侯反而纠结起来——写作的数量是多了，却总觉得过于分散，样样都行也许就是样样不精。老侯总是觉得，自己的写作过于随意，四处开花却没有形成自己的风格。

　　于是，老侯干脆停止了写作，拿出一个月的时间梳理自己的作品。然后找了一个清爽的下午，静静地想了又想，终于发现自己最喜欢的其实还是小说。至于散文、诗歌之类的，附庸风雅的成分多了些；教育教学之类的，世俗需要的成分多了些。最终，老侯决定舍弃那些自己不是真心喜欢的东西，专心致志于小说创作。

　　其实，小文和小张的困惑，老侯也遇到过。只是，老侯比他们更清楚自己需要的是什么，该拒绝的拒绝了，该推脱的推脱了，该放弃的也全都放弃了。学校领导曾经多次找老侯谈话，希望他能够担当起"笔杆子"的重任，并许以各种各样的承诺。可无论领导怎么说，老侯就是一句话："我写的那些东西跟公文不搭边，我写不了那么严肃的文章。"

　　就这样，老侯在教学之余，一直坚守自己的小天地，靠着文字自娱自乐。天长日久，竟也有了丰厚的收获，在职业以外的领域获得了意想不到的成功。不仅连续出版了多部小说，作品还连连获奖。当然，老侯也失去了一些东西，比如热热闹闹的朋友聚会，比如风风光光的露脸机会。有时候会有人跟老侯开玩笑，说老侯只要稍微灵活一点，现在肯定能混个一官半职。老侯倒是清醒得很，云淡风轻地来了句："那样岂不是丢了我自己？"

　　有人说，老侯好像什么也不会了，除了写点文章。

　　我倒是觉得，如果能够像老侯那样为自己守住一块净土，让灵魂在上面安静地生长，就算什么都不会，也值！

在人生的紧要处照亮自己

扫码听书

　　一位朋友,也是一位很有名的特级教师,曾经在微信上给我留言:教师必须写作吗?如果一个教师课教得很好,教学成绩很突出,各方面工作也做得井井有条,那么就可以算是一位优秀教师。这样的优秀教师,写不写文章又有什么关系呢?

　　这段留言已经留在我的微信上好几天了,我一直没有回复。不是不想回复,也不是无法回复,而是还没找到一个很恰当的理由,既表达出我对教育写作价值的看法,又可以恰到好处地回答朋友的问题。直到今天,我偶然读到了一篇寓言故事《田鼠阿佛》,我觉得这个故事大概可以回答朋友的疑问。

　　故事大意是:草地上立着一堵老旧的石墙,石墙里住着五只小田鼠。冬天快要来临时,小田鼠们开始采集玉米、坚果、小麦等作为过冬的储备。从早到晚,大家都在忙活——只有阿佛例外。"阿佛,你为什么不干活?"小田鼠们问。"我在干活呀!"阿佛说,"我在采集阳光,因为冬天的日子又冷又黑。"阿佛有时会呆坐着,盯着草地看。小田鼠们又问:"那现在呢,阿佛?""我在采集颜色,因为冬天是灰色的。"阿佛说。还有一次,阿佛好像要睡着了。"你在做梦吧,阿佛?"小田鼠们有点责备地问它。"哦,不是的,我在采集词语,因为冬天那么漫长,我们会把话说完的。"

　　冬天来了,小田鼠们都躲进了石墙里的藏身处。一开始,有很多东西可以吃,有很多故事可以讲,它们很快乐。慢慢地,它们几乎吃光了所有的食物,石墙里很冷,没有谁想要聊天。这时它们想起了阿佛说起过的阳光、颜色和词语。"阿佛,你的那些东西呢?""闭上眼睛,现在,我带给你们阳光。你们感觉到了吗?它的金色光芒……"就在阿佛说到太阳的时候,小田鼠们感觉到了丝丝温暖。"阿佛,那颜色呢?"于是,阿佛跟它们说起了各种色彩鲜艳的花儿与叶子。它们仿佛清楚地看见了那些明媚的色彩。"还有词语呢,阿佛?"阿佛就像站在了舞台上,为小田鼠们朗诵了一首美好的小诗……

　　恰如其他田鼠的看法,想在寒冬里生存下去,只要储备足够的玉米、坚果等就可以了,阿佛的做法看起来似乎有点多余。但是,当冬天来临,小田鼠们在解决了填饱肚子的问题之后,才意识到黑漆漆的石墙里还缺少一些明亮和温暖。而阿佛平时收藏的"无用之物",让田鼠一家的生活质量有了质的飞跃。当然,这是一篇寓言故事,并非真事。但是,故事所蕴含的道理却值得我们去反思。

　　诚如朋友所说,课堂和成绩是一个优秀教师必须要关注的东西,它们之于教师的意义,正如玉米和坚果之于田鼠的生活,委实是一种必要和必需。事实上,我们身边绝大多数优秀教师也正如那四只田鼠一样,只是坚守着教育中最底线的存在要求,而很少去想象教育中的诗和远方。我一直在想,当我们这些在讲台上一站几十年的教师,有一天离开了讲台,离开了校园,能够带走的是什么?或者说,什么可以证明自己曾经站在讲台上,曾经优秀过?我想,只有文字,只有写作。写作,可以帮助我们把经验和思考进行物化,让它们以一种永恒的方式长久地存在。

其实，写作还应该有更加高位的意义。

五莲中学的寇介芳老师，是全国优秀教师、山东省特级教师，在中小学教师群体中，她的成就似乎已经达到了极致。但是，年逾五十的寇老师依然坚持用文字记录教育生活的点点滴滴，并把这些日常积累起来的文字整理成了一本书，将于近期出版。对于很多老师来说，文字似乎是坚果与稻谷之外的东西，可有可无。而寇老师却说："正是这些文字，点亮了自己的教育生活。"淄博的赵成峰老师，在五十岁那年开始教育写作，并在写作中一点点地敞开了自己的教育情怀。赵老师说："写作让我不再纠结于现实中的利益得失，一点点打开了我的精神世界，让我在教育生涯即将结束的时候感受到了教育的美好。"

如此，写作就是在日复一日的琐碎中收集阳光，以在人生紧要处照亮自己的精神世界。

教师成长的三项自我修炼

扫码听书

在很多场合，我都提倡教师要进行阅读、写作和研究，并把它们定位为教师成长的三项自我修炼。有人问我为什么，我想，可能是源于对以下现象的审视与思考。

01

前不久，我到一所学校和老师座谈。休息的时候，校长和我聊起了她的一点感受。

在做校长之前，她是区里的教研员。那个时候，她心目中的好老师，就是讲课比赛拿到第一名的老师。在她看来，讲课能力是衡量一个教师优秀与否、层级高低的唯一标准。

几年前，她转岗做校长，突然发现学校需要那么多不同方向上的人才。学校社团有好多敬业而又有专长的辅导老师，每个教研组里都有协调能力强而又不计个人得失的领头人，后勤科室里更是一个比一个任劳任怨，年轻教师里不乏在某个方面技高一筹的"歪才"，老教师中不显山不露水的"隐士"更是个个身怀绝技……他们虽然"优"的方向不同，但在不同的岗位上共同推动了学校教育的发展。站在校长的角度，学校大家庭里好像离开了谁都不行，这让她对优秀教师的认识一下子有了重大的转变——原来，教师的优秀可以是各种各样的。

其实，这位校长对衡量优秀教师截然不同的两种认识，源于一个认知定律——位置决定视野。这个定律对教师来说也同样适用，它至少包含两层意思：一是你看到什么，取决于你站在哪里；二是你看得多远，取决于你站得多高。

一个人的立场不同，看问题的视角就会不同，目光的聚焦点也就会迥异。有时候，一个人认识上的局限，会在很大程度上窄化"目光所及"的扇面，必然导致行为上的缺陷与不全面。认识一位季老师，他是一位农村语文教师，喜欢舞文弄墨，时不时地在各种文学杂志上发表一些小文章，偶然还会受邀参加一些笔会活动。他的校长是个很重视"教学"的人，认为教师就应该一门心思备课、上课、批改作业，其他与教学没有直接关系的事情都是不务正业。季老师的文学创作行为成了"不务正业"的佐证，时不时地就会被校长敲打一番。很快，季老师在这所学校被列为另类，成了最不受欢迎的人。后来，季老师离开了这所学校，到了城区的一所小学。新校长喜欢发现教师身上与众不同的气质，很快就看到了季老师特有的"文学味"，便建议季老师在学生习作教学上多进行探索。季老师的潜质被激发出来，很快在习作教学上有了突破，成为当地响当当的语文名师，个人的文学创作也蒸蒸日上，发表了不少有影响力的作品。同一个教师，在两位校长看来一个是累赘、一个是人才，究其原因是校长的站位不同。其实，教师的优秀是各种各样的，我们根本无法判断教师的生命会在哪一根藤蔓上开花结果，更无法知晓他会在何时以怎样的方式开花结果。

我们经常用"井底之蛙"来嘲笑见识短浅的人，其实那只青蛙真是很冤枉——人家待在地下十几米的地方，怎么会比站在地面上的你看到得多呢？倘若这只青蛙跳出井口，不用别人教化、指导，它也会马上看见天空的辽远与宽阔。很多人会谴责因为学生成绩不好而歧视、体罚学生的老师，认为这样的老师师德败坏，这其实也是对教师的一种误读。在我看来，这些似乎并非只是师德问题，而与教师的视野大有关联。一个坐在教育之井里的老师，他能够看到的只是眼前的分数。学生考了高分，他就可以对领导、对家长有所交代，就可以从中获取信任和赞赏，就可以舒舒服服地混过"当下"。也许在他看来，全世界的教师都如他一般朝向分数而努力，而他所做的就是最为完美的教育，所以敲打一下考不出分数来的学生应该属于正常的教育行为，一切也都是为了学生的未来着想。换句话说，他是在朝着自己以为正确的教育努力。由此可见，对于一位教师来说，站得高远一些很重要。因为一个站在生命高度看待学生的教师，绝对不会斤斤计较一分半分的得失，更不会为了提高分数而费尽心思去折磨学生。

唐朝诗人王之涣在《登鹳雀楼》一诗中写道："欲穷千里目，更上一层楼。"这里的"欲穷千里目"，说的其实也是教师的教育境界——若想提高教师的教育境界，最好的办法就是让他们"更上一层楼"。所以，教师培养绝不仅仅是教学技能的培养，也不只是师德教育的灌输，而要想方设法开阔教师的视野和胸怀，让他们尽可能站到教育境界的高台之上，看到更多的教育之美。

那么，帮助教师站到"高台"之上的途径是什么呢？

02

从当下的实践来看，促进教师成长的通用方法就是评比和培训。

几乎每年，各级教育行政部门都会举行各种各样的教师评比活动，诸如"优质课评比""基本功大赛"等；几乎每个学期，从国家到地方，甚至各个学校无不借用各种渠道组织教师培训活动。实事求是地说，我们的教育部门很重视教师的培训与培养，既舍得资金投入，也不惜人力物力。但是，效果如何呢？

因为工作关系，我经常去各地为"国培班"讲课。我们都知道，"国培计划"指的是中小学教师国家级培训计划，由教育部、财政部联合负责实施，是迄今为止国内级别最高、投入最大的中小学师资培训项目。这样的培训，不仅授课的教师需要精挑细选，就连学员也都是千里挑一、万里挑一选拔出来的，大都是骨干教师。按理说，这样的培训现场应该是一派如痴如醉的学习景象，一幅专心致志的成长画面。而事实上，培训过程中逃课、睡觉的学员大有人在，组织考勤和防止翘课成了举办方最为头疼的事情。

年前，在某所大学，当得知一位名教授将在我的后面为"国培班"授课时，我推迟了返程的日期，专门留下来旁听他的讲座。讲座很精彩，无论是深度还是广度都给人以惊喜，其中不乏一些拿过来就可以指导实践的经典理论。但旁顾四周，参加培训的骨干教师们玩手机、说悄悄话，自顾自地玩得兴致勃勃。从座位的空闲情况来看，缺席的人大概占到了三分之一。

高投入却没有高回报，原因何在？在我看来，这些教师培训似乎是领导们一厢情愿的事情，作为学习主体的教师并没有参与的愿望与兴趣，组织者也没有去唤醒他们的激情的引领意识。形象地说，这有点像"摁着牛头吃草"。摁牛头的人出于好心，被摁头的牛却不领情。即使被迫啃了几口草，倘若没有好心情去消化，也要滋生倒胃口的痛苦。如此，培训的低效与无效就是自然而然的事情了。

有一句话说，你永远无法叫醒一个装睡的人。对于所有人来说，只有愿意成长，才有可能获得成长。如果教师不愿意学习，不愿意成长，管理者们无论怎样劳神费力，都不可能把教师引向专业发展的道路。所以说，我们有必要反思当下的教师培训，有必要问一问自己：优秀真的是别人培养出来的吗？

除此以外，还有一个比较现实的问题值得我们去思考。

从现有的教师培训，我们可以很清楚地看出来，培训的内容更多关注的是教师的技能培训，教材教法、课堂教学技术、班级管理技术等"能力"方面的素质不断被强化。内容决定形式，唯方法论的培训内容决定了教师培训方式也越来越实用。比如，在一线教师普遍参与的"校本培训"中，招式的传授和演练似乎成为主流，手把手的传帮带越来越普遍。现在，几乎每个学校都在使用的"青蓝工程""新老教师结对子"等举措，更是把早期的"师徒制"重新捡拾起来，并奉若法宝。其实，这种做法有着比较明显的弊端，那就是新教师在模拟了师傅的教学方式后，往往会失去个性和棱角，不自觉地成为一个几十年前的"优秀教师"。也就是说，经验也可能成为束缚青年教师成长的羁绊，那种简单的技术化经验更是遏制了新教师的创新和激情。

由此，我们可以得出现有教师培训存在的两大问题：一是，自上而下的强制灌输，导致教师失去了成长的意识；二是，简单粗糙的技术培养，窄化了教师专业发展的内涵。据此，真正恰当的教师培训应该关注两个方向：一是唤醒教师的自我成长意识，二是关注教师生命底蕴的涵养。要让教师在更加广阔的领域里，学会自己培养自己。

我始终相信，权威可以启示教师成长，却无法代替教师成长。教师的成长应该是一个自我成长的过程。帮助教师成为一个自觉成长的个体，才是真正有效的教师培训策略。所以，我提出了教师自我成长必须要进行的三项修炼——阅读、写作和研究。

在我看来，这三项修炼是教师"自己培养自己"的基本途径，是教师自我成长的三大要素。相比于行政层面的集中培训，这三项修炼无须场地和专门的组织机构，也无须巨大的资金投入和管理约束，所需要的，仅仅是一颗愿意成长的心，持之以恒的坚守与坚持，以及无怨无悔、不计眼前得失的牺牲精神。

03

为什么说需要"不计眼前得失的牺牲精神"？

当下的中小学教育算得上奇葩，嘴上说的和当下做的是完全不同的。各种会议、各色论坛，无论是领导的发言还是优秀教师的表态，把素质教育"搞"上去的论调无不掷地有声，教育的美好蓝图被一遍遍勾画。但事实上，在教育第一线，课堂还是几十年前的样子——分数至上，升学率至上。

按理说，教育追求分数和升学率是没有问题的，毕竟分数是学生素质的一种表现，考试能力是学生综合素质的一部分。可问题在于，不能只追求分数和升学率，把其他的素质视为"无用"的东西，而且获得分数和升学率的方式有问题，加班加点和重复教学仍是取得成绩的主要手段。当我们把教育成功用分数的高低进行唯一界定，一线教师必然选择用最简单、最直接的办法尽快获取分数。可以这么说，这是当下教育怪现象一再上演的主要原因。

　　同一个班级，同时开设好几门课程，往往哪门课的老师要求得严格一些、布置的作业多一些，他的教学成绩就会好一些。如果分析教学成绩突出的那些教师，我们会发现他们的教学策略未必最好，教育的智慧未必最艺术。倘若非要找出一些共性的东西来，那就是他们都特别勤奋——尽可能多地挤占学生的空余时间，尽可能用更多的精力盯着学生学习。所以，有人提出了这么一个观点：教学成绩过分优秀的教师是值得怀疑的。这个观点虽然有些偏激，但是放在具体的教育现实之中，却相当有道理。因为，很多教师的成绩真的不是靠教育艺术得来的，而是靠教育手段获取的。

　　如此，领导要成绩，家长要分数，社会要效益；如此，大家都在拼抢，都在挤压，都在讲求立马就可以拿到手的成绩。而只有你，在慢慢地做真正的教育，做不靠"杀鸡取卵"就自然而然出成绩的教育，你的速度肯定要比别人慢得多，会被别人甩在后面。周考、月考就要落后——一个会被一遍遍点名批评的位置；学期考、年终考就在中上游——一个恰好表彰不到的位次。

　　你要做收获在未来的教育，就会在当下失去很多——与荣誉无缘，与利益失之交臂，与不解和埋怨相伴。其实，几乎所有的教师都知道怎样的教育才是真正的教育，却没有信心和勇气去追求那份真实，唯一的原因就是舍不得放下眼前的东西。毕竟，把一切交给未来，需要的还是不计眼前得失的牺牲精神。那么，做真正的教育就需要教师拥有真正的教育情怀，而这份情怀更不是别人可以给予的，需要的还是自我修炼。

　　在当前的环境里，一个真正愿意成长的教师，一个想要做真教育的教师，还是需要一点牺牲精神的——牺牲功利下的成功，牺牲"杀鸡取卵"带来的丰厚回报。也只有这样的教师，才有可能潜心进行"阅读、写作和研究"，也才有可能走上真正的成长之路。

最后，我想告诉老师们的是：阅读、写作和研究，这三项修炼面向的都是未来，培养的都是人生的底蕴，都不可能给你"立竿见影"的成长。它能给予你的，只有慢慢的成长，慢慢的教育，慢慢的未来。

但它，最终会帮你登上教育的高台，人生的高台。

别被自己的狭隘局限

扫码听书

很多时候，局限我们的往往是我们自己。

01

几年前，我的新家装修。朋友建议养一些花草吸收甲醛，并送来了一盆虎皮兰。这盆虎皮兰，齐刷刷地生长着五六枚茎叶，它们大小相仿，一看便知是出自会打理花木的人之手。朋友建议说，虎皮兰极易繁殖，可以把这一盆分成好几盆，长起来以后对室内的空气净化会更有好处。

说做就做，我找出家里留存的花盆，清理干净残留的枯枝败叶，开始分盆栽种虎皮兰。这些花盆都是以前养花的时候买的，后来花没养活，花盆倒是留了下来。因为是废物利用，花盆大大小小规格不一，最小的不过茶碗口大小，最大的则像是盛放粮食的小缸。因为这次养花的目的是"治理污染"，对美观方面的要求自然降低了很多，所以在分盆结束后，我便把它们依次排放在阳台上。

虎皮兰是不是吸收甲醛并无法考证，但几年的时间下来，它们成了家里数量最多的盆栽倒是事实。那些生长在大盆里的虎皮兰，不仅叶片长得又快又高，根株繁殖的能力也十分强大，几乎每半年的时间就需要进行分盆。而那株栽在茶碗口大小的小盆里的虎皮兰，最初与其他虎皮兰的生长情况相差无几，后来却慢慢降低了生长速度。以至于，直至今天仍然保持着单枚叶片，叶片的高度也比其他虎皮兰矮了很多。

曾经差不多大小的植株，同时栽种，同样浇水，同样打理，接收同样的阳光、空气和水分，为什么生长的速度和能力出现了如此大的差别？不过是因为栽种它们的盆子大小不一而已。其实，人的成长也是这样，要想长得更快、更持久，就需要根植于相对来说比较厚重的土壤中，而不是茶碗口大小的花盆里。

前些天，我和一位在中国办学的美籍华人探讨过关于教育的一些话题。讨论的结论是：东西方在教育实践上，确实存在着一些分歧和相左的做法，孰优孰劣并不好下结论。但是一些显而易见的差别，确实可以给我们一些警醒。比如，我们注重训练和强化，他们则可能更注重思维和探究；我们想在短期内获得看得见的成绩，他们或许有耐心把收获放在未来……诸如此类的差别，很难用一个理念或词语来厘清。我们曾经相约，看看谁可以用最简单的方式表达清楚。看到这些虎皮兰，我忽然就有了答案。

于教育而言，我们更多的是在小花盆里种植，他们更愿意在超大的盆缸里培育，甚至于田野里放养。

02

有一段时间，网络上流行这样一个段子——

儿子问爸爸:"我为什么要读书?"

爸爸回答说:"我这么跟你说吧!如果读了很多书,你喝这款茶的时候就会说:'此茶口感饱满纯正,圆润如诗,随之而来的是持久的回甘,茶汤橙黄透亮,幽香如兰,韵味十足,是茶中的佳品!'如果没读书,你就只会说:'好喝!真好喝!特别好喝!'"

这个段子的变异版有很多,每每读时总会会心一笑。原因或许就是它能够用很幽默的方式,简单利落地暗喻出读书的意义。

还有一个故事,真假已经无法证实。我讲出来,只是为了说明一个问题。故事大略如下:

一个人在美国移民局申请绿卡的时候,遇到了一位中年妇女。从她被晒成古铜色的皮肤,可以断定她是一位户外工作者。出于好奇,他上前和她搭话,一问才知,她来自中国北方农村。她只有小学文化,普通话都说不好。可就是这样一位英语只会说"你好""再见"的中国农村妇女,也在申请绿卡,因为女儿在美国。她申报的理由是有"技术专长"。移民官看了她的申请表,问她:"你会什么?"她回答说:"我会剪纸画。"说着,她从包里拿出一把剪刀,轻巧地在一张彩色亮纸上飞舞,不到三分钟,就剪出一堆栩栩如生的动物图案。

美国移民官瞪大眼睛,像看变戏法似的看着这些美丽的剪纸画,跷起大拇指,连声赞叹。这时,她从包里拿出一张报纸,说:"中国《农民日报》刊登了我的剪纸画。"美国移民官一边看,一边连连点头,说:"OK。"她就这么OK了。旁边和她一起申请而被拒绝的人又羡慕又嫉妒。这个故事告诉我们,你会了别人不会的,才有可能得到别人得不到的。

现在的教育,越来越追求实用和有效,很少去帮助学生掌握考试以外的技能。这种做法，正在一点点减少成功的机会，从而把众多学生赶向了狭隘的拼抢之中。其实，对一个人来讲，多一项技能，也就多了很多成功的可能。多教给学生一些东西，哪怕暂时用不到，才能够让他们在必要的时候，不至于拘谨，不至于束手无策。

03

　　春节期间，朋友相约聚一聚。因为孩子们的年龄相仿，朋友便提议带着孩子们一起。我知道儿子不喜欢热闹，便先征求儿子的意见。儿子想了想，点头答应了。因为不喝酒，没多大一会儿就结束了聚会。回来的路上，我问儿子是否喜欢这样的场合。儿子淡淡一笑，很干脆地回答："不喜欢。"稍后，儿子补充说，"不过，我现在能接受了。您不知道，小时候每次听说要跟着大人去参加酒宴，我都会愁得哭一场。"

　　也许是遗传的原因，儿子像我一样不善言辞，不大喜欢出门应酬。我曾经认真反思过自己的人生，觉得"不善沟通"给自己带来了很多人生遗憾，也让自己在生活上屡遭坎坷。我不希望儿子因为"不善沟通"而重蹈我的覆辙，便希望他能够多参加一些热闹的场合，尽可能变得开朗起来。所以，有些场合我会刻意带上他。让我没想到的是，我的自以为是竟然让儿子遭受了如此大的苦痛。

　　我问："我不是每次都先征求你的意见吗？"儿子说："那也叫征求意见？我答应了，就算是我自愿参加的；我不答应，您就会找一万个理由劝我答应，我哪有拒绝的权利？"想想也是，因为我觉得带他出去是为了他好，所以每次都会竭尽全力说服他同意，自然也就忽略了他的真实感受，变相剥夺了他真正自由选择的机会。

有句话说,"有一种冷叫爹妈觉得你冷",我一直以为这是个不成气候的段子而已。没想到,我竟然也制造了一种"好",那就是"我以为是为了你好"。其实,人真的有这么一种局限:喜欢站在自己的立场上看待问题,习惯用自己的喜好去框别人的人生。

抵抗悠闲,远比克服逼仄更为艰难

扫码听书

01

一位相熟的老师说,这段时间好忙,忙得没有时间静下来读一点书,写一点文字。这位朋友最近在参加讲课比赛,除了常规工作以外,每天都要花许多精力备课,还要应付没完没了的磨课。一遍遍修改,一次次试讲,忙乱而焦虑。他说,真希望这份折磨赶紧结束,然后可以安静地教书,安静地读书和写作。

我问他,这次讲课比赛结束后,是不是真的就可以拥有平静而安逸的教书生活了?会不会有更大的波澜?他愣了一下,然后无奈地摇摇头。其实,我们每一个人都是这样,当被一件事情缠身而慌乱不堪时,总是盼着事情尽快结束,然后在心里告诉自己:忙完这件事,再也不……一定要去过自己希望的日子。而事实往往是,这件事情还没有结束,另一件事情就已经在不远处等着你。生活就是这样,突如其来的意外,总是绵延不断。

前些年,我在学校工作,做着单纯的班主任,教着单纯的数学课，写着单纯的文字，过着单纯的生活。出乎意料地，我被调整到学校中层管理岗位，从事最为烦琐的政务工作。除此以外，还要分管一个年级，并承担整个学校的文案工作。因为舍不得离开学生，当时的我仍然带着两个班的数学课，做一个班的班主任。也就是说，我突然多了政务、年级分管和学校文案三项工作。这三项，每一项都是工作中的"巨无霸"，都足以让一个人筋疲力尽。特别是政务工作，听起来是以德育为主，其实都是些纯粹行政化的内容，不仅枯燥无味，而且多是"突发事件"，算得上是学校工作中最折磨人的。

一时间，我的生活被这份飞来"横祸"打乱。最初的时候，我一直幻想着尽快结束手头的"当下事"，然后舒缓一口气，静下来写自己喜欢的文字。因为有了这样的"幻想"，我转而全心全意去应对深陷其中的事务性工作，暂时搁下了写作。最终的结果是：事情永远没有结束的时候，写作根本没办法被拾起。就这样，坚持多年的写作，竟然在那段时间间断了两三个月。后来，我狠心掐断了自己"忙完这阵子就写作"的念想，重新给自己定下一条死规矩：无论多忙，都要坚持每天写作。

02

自从我把坚持写作作为不可更改的红线之后，我的生活倒是条理了起来。为了完成写作任务，我开始重新审视自己忙碌的生活，尽可能规划好每一件事情，尽可能有计划地开展工作，尽可能提高处理问题的效率。慢慢地，工作稳定了，忙碌也变得按部就班起来——高效率成了常规，写作成了常态。

后来，我到了现在的单位工作，刚开始也经历了一段很长的不适应期。

　　首先是上班时间。在学校工作，每天都需要很早赶到学校，日复一日便养成了早起的习惯。第一天去现在的单位上班时正值九月，六点多一点我便赶到了办公室。门卫师傅问我咋来这么早，因为距离上班时间还有两个多小时呢！我忽然觉得在机关工作时间好充裕，节省出来的时间应该可以做好多事情。

　　接着是工作。机关里的工作不会像学校里一样，几点几分到几点几分要去上一节课，晚一点去不行，早退一点更不行，固定不变的节奏似乎是一条无形的绳链，紧紧地把生存空间拘于一隅：该备的课没有备，下一节课就会手忙脚乱；该批改的作业批不完，就可能耽误下一次使用；该管的学生没有管，教室里可能就会闹破天……机关则不同，所有的工作都可以缓一缓，早一点显不出优秀，晚一点也看不出窘迫。没有人会逼着你早起晚睡，也没有什么事情可以让你牵肠挂肚，工作永远就像是一杯淡淡的白开水，无色无味，波澜不惊。

　　最初的时候，我觉得时间这么富足，工作这么悠闲，恰好可以读读书、写写文字。事实也的确如此，一两个月的时间我读了好多想读而没有时间读的书，写了好多想要写而没有时间写的文章。慢慢地，另外一种情绪开始在心里悄悄滋生——时间这么多，也不差那一时半会儿的，放松一下呗！念头一出，心里开始激烈争斗，最终的结果是：下不为例，就这一次！而问题是，"下不为例"往往会成为"下次依例"。虚度的时光越来越多，脑子里装满了越来越多慵懒的理由和借口。

03

　　人就是这样，喜欢把改变的努力放在未来，寄希望于寒号鸟式的得过且过。其实，对当下的自己让一步，就是为自己的慵懒开了一个口子，这应该是无数生命走向平庸的开始。

19世纪末，美国康奈尔大学的科研人员做过一个"水煮青蛙实验"。科学家将青蛙投入40℃的水（不是沸水）中时，青蛙因受不了突如其来的高温刺激立即奋力从热水中跳出来而成功逃生。可当科研人员把青蛙先放入装着冷水的容器中，然后再缓慢加热（每分钟上升0.2℃），结果就不一样了。因为开始时水温适宜，青蛙在水中悠然自得，当青蛙发现无法忍受高温时，已经心有余而力不足了，不知不觉便被煮死在了热水中。为什么会这样呢？因为青蛙体内感知威胁的器官，只能觉察出激烈的环境变化。

这个实验告诉我们，太舒适的环境往往蕴含危险。有时候，阻碍生命成长的也许并不是紧张、激烈的快节奏，而是那些缓慢、渐进、难以察觉的舒适和悠闲。每每想起这个实验，我都会感觉自己就是被放进冷水容器里的那只青蛙。悠闲的工作环境，就像是缓慢加热的容器，不知不觉中一点点地蚕食着我的精神领地，让多年来始终坚守的勤奋和努力，在轻松愉快的谈笑中慢慢塌陷。

不想被温水煮熟的我，不得不千方百计为自己制造紧迫感，不得不为自己要去做的每一件事情定下最后期限。在与舒适抗争的时间里，我有了一个很深刻的感悟：抵抗悠闲，远比克服命运的逼仄更为艰难。

不主动降低对职业的尊重

扫码听书

01

前些天,我组织了一次全区的心理健康教育教师座谈会,主要目的是了解各个学校心理健康教育课开课情况。

在交流中,大多数老师表达了自己的无奈:在化解大班额的情况下,学校严重缺少老师,不得不聘用了大量临时代课老师。语、数、英等主要学科都缺老师,领导们自然不会再去安排可有可无的心理健康教育课,所以很多学校自始至终没有开设这门课。至于那些前些年开了课的学校,随着老师的缺额越来越大,也不得不再把这门课取消掉。一位老师说:"我这个心理教师现在已经成了个打杂的,只有在上级来督导检查时学校才会让我准备迎检材料,平时也就是帮着行政科室干一些杂活。学校不重视心理健康教育,我真的是很伤心,但是毫无办法。"话音一落,好几个老师同声附和,纷纷倾吐他们在学校里被边缘化的尴尬与无奈。

也有几位老师很高兴地告诉我,他们学校已经开课了。虽然只是在某一个年级开课,但是毕竟可以上自己喜欢的课程,做自己喜欢的事情,所以感到特别有成就感。我很好奇,问他们学校为什么会开课。有一位老师说,其实他们学校一开始也没有开课,他也被边缘到充当勤杂工。只不过,他并没有放弃,也没有怨天尤人,而是不断向班主任老师推荐心理健康教育课。最初的时候,他找到了一位与自己关系比较好的班主任,主动提出来要去他们班上一节心理课,班主任犹豫了一下便答应下来。没想到,这节课学生很喜欢,效果特别好,这位班主任便主动邀请他再次去上课。就这样,一来二去,邀请他去上课的班主任越来越多,他的心理课也得到了学生的广泛认可。后来,校长也意识到了心理健康教育课的意义,便在七年级开设了心理健康教育课。

其实,人总要经历一些不如意的事情,也总要去面对那些看起来十分艰难的困境。在逆境面前,若要获得成功,可能的选择有两种:等待别人给,抑或是自己去寻找。很明显,后者才可以帮助你走得更远。

02

我到一所幼儿园进行年度考核,在与老师座谈的时候,有一位老师分享了她的一段心路历程。

这位老师大学所学的专业是播音主持,三年前通过教师招考成为一所乡镇幼儿园的教师。工作以后,面对一群懵懂无知的幼儿,她陷入了无尽的烦琐与操劳之中。这个哭,那个闹,看住了一个又乱了一群。天天忙得脚不沾地,放学后已累得浑身发软。于是,她开始后悔自己的选择,觉得"看孩子"的工作与自己理想中的幼儿教育事业相差甚远。一年前,她们幼儿园参加了一个很高端的幼儿教育项目,引入了一批幼儿教育专家来园提升教师能力。在这些专家的引领下,她慢慢纠正了一些固有认知和理解,试着用专家传授的理念和思维方式开展教学。现在的她,觉得自己距离幼儿教育事业越来越近,已经从"看孩子"转向了"做教育"。也正因此,她慢慢感觉到了身为幼儿教师的幸福,也喜欢上了幼儿教师这个岗位。

其实,这位年轻教师的心路历程恰是大多数教师共同的感受。从业之初,绝大多数人都对自己所从事的职业有过梦想和憧憬,都希望实现自己的职业理想。但是,几年过后,很多人就会陷入职业倦怠与困惑,始终无法实现最初的理想。这种"沦落",除去个人的能力因素以外,最重要的原因在于他们无法看见职业的价值,无法享受创造职业价值所带来的职业幸福。教师这份职业很特殊,虽然它是一项十分专业的事业,却有相当一部分人不拿它当专业的工作来对待,不仅教师群体之外的所有人都可以对教育指指点点,就是教师自身很多时候也没有一点专业性。

举个简单的例子来说,有个学生喜欢在课堂上"乱动"——如果让没有接受过任何教育学专业知识培训的农民来判断,他对这个学生的课堂表现归因可能是"不听话"或"调皮捣蛋";如果让一个接受过严格师范教育的老师来判断,其归因可能是"没有组织纪律观念"。听起来,似乎后者的解释更加高大上一些,而实际上两者的归因都是最浅层次的现象再现,并没有任何本质上的区别。本该用专业的教育学或心理学知识来解读学生行为的教师,却习惯于用非专业人士的话语来解释教育现象,必然导致社会对教师职业专业化水平的低视,也会导致越来越多的教师走上毫无专业性可言的教育实践之路。当一个人感受不到或看不到自己所从事职业的专业性,自然不会尊重这份职业，也就失去了从事这份职业的乐趣与幸福。

苏霍姆林斯基曾说："如果你想让教师的劳动能够给教师带来乐趣，使天天上课不至于变成一种单调乏味的义务，那你就应当引导每一位教师走上研究这条幸福的道路。"其实，这里的"走上研究这条幸福的道路"，就是希望教师把教育当作一件很专业的事情去研究，尊重自己所从事的教育工作。

第五辑

在文字中遇见更好的自己

  回望这段时光,我的阅读理由简单而直接,大多是对生命缺陷的妥协与消解,抑或是存在下去的某种必需。在那相对逼仄的生活里,是阅读给了我必要的滋养和帮扶,让我相信:阅读是有附加值的,它能养人。

从写作者走向成功者

扫码听书

01

不止一位朋友向我推荐语音写作方式。写作者只需把要表达的内容说出来,借助某种软件就可以直接把语音变成文字,又快又好。语音转换成文字的正确率很高,可以边走路边写作,节省了大量的时间,随时随地都可以进入写作状态……诸如此类的赞誉,大都是推荐者的切身感受。

我却一直对这种写作方式心存芥蒂。在我看来,这种写作方式其实算不上真正的写作,而更应该归结到说话的范畴。而说话与写作是两种截然不同的表达形式,前者快捷而随意,后者则深刻得多。据我的理解和感受,一次真正的写作大致要经历这么三个环节:

一瞬间的感悟。大多数写作是"因感而写",这些引发写作的感悟往往是不经意间的灵光一闪,即在极为寻常的事情上有了感触,并有了一吐为快的愿望。这个时候,我们往往会做如下处理:一是马上开始写作,把这份感悟用文字进行物化、梳理和深化,最终形成文本；二是暂时无法进入写作状态，只把已有的感悟尽快记录下来，以备在合适的时间开始精致的写作。我觉得，朋友推荐的语音写作方式倒是很适合后者，以最快的速度记下头脑中已有的内容。但，这是记录，不应该叫写作。

安静中的思考。感悟有了，并不意味着就能够形成文章。因为大多数的感悟都不会太完整，逻辑性也不会很强。它或许只是一个诱因，以快速闪现的方式暗示你可以对这个问题进行必要的深入探究。我觉着真正的写作需要一种环境，安静而又连续，可以让你细细品味感悟带来的思考。边敲打键盘，边思考继续深入下去的路径；或者干脆停下来，反复推敲找到最恰当的表述；抑或是抹掉一些不满意的文字，重新敲上去或长或短的语句；甚至彻底推翻所有，来一个翻天覆地的改变。而这些，都不是语音输入可以实现的。

苦恼中的挣扎。任何一种有价值的写作，都是自己与自己的博弈。无论写的是谁，描述的是什么问题，最终指向的都应该是对自我的重塑。这种重塑，往往由纠结而起。比如我写这篇文章，就源于在上午的时候听过一个讲座，讲课的人说过一句话：现在的写作已经可以用语音来实现。这让我想起以前那些朋友的类似观点，突然就冒出来想要写一写写作这一话题的冲动。当时，我随手在纸上记下了一句话：语音录入式写作到底够不够深刻？这应该就是我的感悟。当我终于有了空闲，可以安静地坐在书桌前，重新思考这个问题时，我是有着一份纠结的——写作这种个性化的事情，到底存不存在一种比较集中的方式？所以，我一遍遍地回忆自己写文章时的情景，一次次摸索到观点又一次次否定。就是在这样的纠结之中，关于写作的观点越来越清晰。于是，就有了以上的文字。

我想，任何一种观点的建立，都必定经历情感的纠结和思维的挣扎。无疑都需要一个连续的反思期，以此来保证文字的深刻和文本的价值。

02

蔡元培先生在《中国人的修养》一书中曾对德育有过系统论述。他在"德育三十篇"中全面谈了自己对德的认知，其中的"有恒与保守"值得我们字斟句酌，且有必要联系自身细细品味。文中，他列举了三类人：无恒者，东驰西骛，而无一定之轨道也；保守者，踟躅于容足之地，而常循其故步者也；有恒者，向一定之鹄的，而又无时不进行者也。

按照蔡先生的划分，人大致可以分为三类：一是没有恒心的人，东张西望，没有一定的套路；二是保守的人，徘徊在只能容足的地方，而且常常照着原来的脚印走路；三是有恒心的人，有固定的宏伟目标，而又无时无刻不在向着既定的目标奋进。应该说，蔡先生对人的划分准确而到位。

对于这一点，自从叙事者成立以来，我的感受最为深刻。在众多的叙事者成员中，有的人凭着一腔热情挤进叙事者，写上三五篇文章觉得没有什么收获，于是选择到别处寻找成功。可以猜想，这样的人在任何领域都不会有持之以恒的付出，自然也不会有理想的收获。有的人在叙事者里坚持了很久，写过不少文章，作业一次也不落下，却没有多大的收获，原因何在？我想，大概就是蔡先生说的保守。这里的保守不是思想上的保守，而是行动策略上的不善改变。写作，不是坚持写就可以写好，那种流水账式的记录，对于教师的成长益处并不大。当然，我们也可以欣喜地看到，一大批叙事者成员的坚持慢慢有了收获、成长和经验，已经在某一个领域展尽了风采，他们就是蔡先生所说的"有恒心的人"。

　　以我的理解，有恒心的人必须具备三个要素：一是有持续不断的坚持，二是有清晰明确的目标，三是有不断深入推进的智慧。这三者缺一不可。还是以写作为例，一个有恒心的人，不仅要坚持写，把写作作为成长的目标和动力，还要智慧地写，善于反思，不断揣摩写作的要领和技巧，不断修正和提升自己的表达能力，这样的写作者才有可能成为成功者。

温和而坚定地走向专业

扫码听书

佐藤学在《教师花传书》中说,"教师的工作既有匠人的一面,也有专家的一面"。对这个观点,我深以为然。

01

有一次我负责组织教学研讨活动,经过考量打算邀请一位名师做讲座。这位名师在省市优质课评选中屡次获奖,其课堂教学能力与水平均令人钦慕,所以我想让他谈一谈其对课堂教学的个人理解,给老师们以方向上的指导和引领。当我与他沟通这个想法时,他连连推辞,一再强调自己真的没有能力做讲座。最后,他说:"上示范课我一点问题没有,但要让我讲明白课堂教学是怎么回事,我可真的做不到。"

这件事让我对当下教师的职业发展状况心生忧虑。虽然教师专业化发展已经提出多年,教师专业成长也一再被强调,但现实中教师职业的专业化水平仍处于"工匠时代",大多数教师还只能算得上"匠人"。作为匠人,教师的世界往往由熟练技能和直接经验构成,缺少对个体经验的系统性梳理；教师的行走路径往往是重复式的"实践—实践—实践"，教育实践缺少创新；教师的追求往往囿于"我只是在完成工作"的"小我任务"，教育理想缺失。

这一现状由来已久，个中缘由大致可以从两个方面去探究：

从教师自身方面来说，受传统的"传道、授业、解惑"思想的影响，教师容易将自身定位为"教书匠"，缺少对专业理想的追求。这一定位，导致大多数教师沿袭了"日出而作日落而息"的劳作者的生活方式，上完课、改完作业就意味着劳动任务的结束，放学铃一响就意味着教育实践的终止。在自我学习方面，具有匠人思维的教师往往更加关注技术的借鉴和技能的模仿——遇到优秀教师时，并不会去关注其教育哲学和思维方式，而是拼命去追捧、模仿那些拿来就可以用的"优秀做法"。久而久之，教育成了可以复制粘贴的重复劳动，教师自然也就成了可以躺在经验上劳作的匠人。

从教师培养方面来说，无论是校本研修还是区域性的培训，其内容都是指向"怎样去教学、怎样去教育学生"，其方式大多是基于"学徒制"的模仿与训练。在这种培养"熟练工人"式的职业训练下，口口相授、以身示范成为教师培养的主要手段。如此，教师的匠人认知被不断强化，并最终在教师群体中得以固化。另外，作为教师培养重要手段的荣誉奖励制度也始终没有跳出"匠人思维"。从现有种种教师评价制度来看，我们的奖励制度更多推崇的是教师作为匠人的特质，而非其专业素养。

作为匠人的教师，容易将职业瘦身，往往会以"这些事情跟工作无关，懒得……"为借口；作为匠人的教师，容易将职业浅化，往往会以"不是我不行，是这帮学生太……"为托词。更重要的是，作为匠人的教师，最终只能是一个匠人。

02

前些年，某地组织了一次"百人听课团"活动，组织业务骨干、专家学者进课堂听课。为了保证活动的效果，组织者要求听课者听课以后认真评课，指出优缺点，以提高教师的课堂教学能力。有一位专家作为评委参加了此次活动，听了一位中年教师的课。在课后的评课环节，这位专家借用各种教育理论来否定中年教师的课，历数了课堂教学中诸多与最新教育理念不相符的细节。谈兴正浓时，这位中年教师平缓而坚定地说："您能不能为我们上一节新理念指导下的优质课？"这位专家一脸尴尬，借口还要去其他学校落荒而逃。原来，这位专家是专职教育研究者，大学毕业后即进入基层教育研究机构，并没有一线教育教学经验，是一个名副其实的空有理论的"专家"。

很明显，这不是真正意义上的专家。那么，专家型教师应该是什么样子呢？

应该是一位优秀的匠人。所谓专家型教师，就是善于将一线实践与前沿理论进行统整的人。专家型教师的成长不可能凭空而来，必定离不开匠人阶段的经验积累。但是，具有专家意识的教师，不会长期在匠人阶段徘徊，通常会在实践经验成熟之后就主动寻求更加高位的发展空间：一方面，他们会主动梳理自身经验进行理论提升；另一方面，他们会主动寻找先进理论支撑自己的教育实践。

应该是一个善于反思的人。专家型教师的世界通常由丰富的实践经验、科学的专业知识以及因反思而来的创造性探究能力构成。实践经验与专业知识是匠人阶段既有的品质，经由反思而培养出来的创造性探究能力，才是专家型教师与匠人型教师的重要区别。也就是说，专家型教师不仅是经验的收藏者，还是一个善于反思，进而创造出新经验、新方法与新策略的人。

应该是一个持续研究的人。洞察与判断是研究者的特质，教师应该成为身处复杂的教育实践中依然拥有清晰洞察力与准确判断力的研究者。勤于实践、善于反思是教师成长的两大路径，而科学研究则是教师从优秀走向卓越、从匠人走向专家的最后一道隘口——迈过去，专业智慧就得以升华，专业能力就得以提升，专业理想就得以实现。

通常来说，专家型教师会拥有开阔的职业视野，不会沉溺于斤斤计较的盘算与推诿，也不会因为暂时处于洼地而放弃努力。同时，专家型教师也会拥有一份独特的职业情怀——不是为了谁而工作，而是为了自己的理想而行走；不是为了得到而努力，而是为了弄清楚"教育是什么"而孜孜不倦。而这些，其实就是教师脱离平庸、走向专业化发展的重要品质。

03

做匠人还是做专家？执着于一线实践的人，喜欢把匠人的优秀品质演绎得淋漓尽致，把专家追求看成是务虚的妄想与不切实际的空谈，从而说服自己及他人坚定地选择做匠人；执着于专业化发展的人，喜欢将匠人精神无限贬低，刻意强调理论能力与研究水平的重要性，从而号召越来越多的人选择做专家。

其实，对于教师而言，无论将其归为匠人还是专家，都是一种片面的、不可取的错误认知。从理性的角度来分析，教师应该是匠人与专家的结合体。这种"结合"，不能简单地理解为教师成长是由匠人到专家的一个发展历程，它更多地应该体现为教师成长自始至终的姿态——如匠人般实践，如专家般研究。

把每一天都活成作品

扫码听书

《等待绽放》是丁立梅老师的一部随笔集,记录了她与儿子一起走过的高三生活。从 9 月开学到 6 月高考,丁老师留下了一百八十多篇生活随笔,从而成就了这样一部作品。随笔集中的每一篇文章都不算太长,不足千字的为多数。每篇文章所记录的,也不过是生活中的一些琐事,浅而清淡地泛着家常味。但就是这样一些文字,却打动了万千读者的心,让众多读者着迷。原因在哪儿?大概是因为,作者替我们表达了我们想表达却未能表达出来的一段生活。

高三是人生的一个特殊阶段,身处其中的学生及家长都容易变得敏感。曾经经历的人会刻骨铭心,还未经历的人会满心期待,正在其中的人则可能困惑迷茫。每一个人都对"高三"有一种情愫,一种掺杂了纠结、苦闷、快乐、兴奋等诸多体验的情感。也正因此,本书的写作内容极易触动读者的心灵。很多年前,有一本书叫《哈佛女孩刘亦婷》,曾经引发了人们的广泛关注,其原因应该与本书相似。但是,这本书与《哈佛女孩刘亦婷》又有着明显的不同,本书作者所关注的不是人生的极大成功或荣耀,而是平常的生活以及平常的成长与成功。这就让随笔集的内容更加贴近普通人的生活,自然也就更加容易让我们接受并产生共鸣。这或许是本书成功的原因之一。

用最平常的方式表达最特殊的日子,这是《等待绽放》带给我们的最直接的感悟。而我在阅读的过程中,却更深刻地体味到了作者的另外一种幸福,抑或称作另一种成功——自由自在地分享自己的心情。你看,作者无论是在疼痛还是纠结时,都可以把自己最真实的感受分享出来,成为令我们感同身受的文字,这该是一种怎样的成功和幸福呢?其实,能够分享是一种幸福,无法分享则是对人生的一种惩罚。对于这一点,很多人还未意识到,也不大理解——无法分享怎么就成了惩罚呢?

用一个故事来解释或许更容易理解。有一位犹太人酷爱打高尔夫球。在一个安息日,他觉得手痒,很想挥杆,但犹太教教义规定信徒在安息日必须休息,什么事情都不能做。于是他偷偷去高尔夫球场,想着打九个洞过过瘾就行了。由于安息日犹太教信徒都不会出门,球场上一个人也没有,因此他觉得不会有人知道他违反规定。然而,当他打第二个洞时,却被天使发现了。天使生气地到上帝面前告状。上帝听后,决定好好惩罚这个违规的信徒。第三个洞开始了,只见信徒一挥杆,高尔夫球画出一道美妙的弧线,准确无误地入洞。他无比兴奋,又挥了几杆,都是一杆进洞。打第七个洞时,天使又跑去找上帝:"上帝呀,你不是要惩罚他吗?为何还不见有惩罚?"上帝笑了笑说:"我已经惩罚他了。"一直到第九个洞,信徒都是一杆进洞。天使又去找上帝了:"这就是你对他的惩罚吗?"上帝说:"正是,你想想,他打出了世界上任何一个顶级高尔夫选手都无法超越的成绩,却不能跟任何人分享,这不是最好的惩罚吗?"

你看,分享是人的本能,是人赢得心灵慰藉的路径,也是人获得满足感的方式。试想,当一个人遭受重大痛苦或者拥有了巨大的成功,却无法与他人分享,这该是多么严重的惩罚!古人所说的"锦衣夜行"之痛,大概就是这个模样。其实,人需要分享的并非只是极端的心情,所有平常的日子如果用文字分享出来,也可以让人感受到不平常的幸福。就如这本书的作者一样,把最平凡的生活分享成了最宝贵的经历。其实,我们很多人都经历过高考,也有过类似的情感经历,但我们都没能把它记录下来,更没有想到去分享自己的独特感受,所以我们终是一个背负着沉重前行的人。

故事中的信徒是被戒律所限,不敢也不能分享自己的成就,这是外力对他的惩罚。而我们则是自己主动放弃分享的机会,是自己对自己实施惩罚——日子白白流逝,不留一点痕迹。所以,我们每个人都应该学会分享,把每一天都活成作品,昭然于猎猎飘扬的生命之中。

从大师的文字中发现教育

扫码听书

01

十月份,叙事者共读的是美国"正面管教协会"创始人简·尼尔森的《正面管教》。1981 年,《正面管教》第一版出版,1987 年第一次修订,之后每十年修订一次,其发行量和发行范围之大超乎想象。更重要的是,这本书引发了美国家庭教育的重大变革,影响着世界各地众多家庭的教育观念,出现了诸多"正面管教"的推动与研究机构。

可以说,一本书引领了一种崭新的家庭教育理念,一本书形成了一种有效的家庭教育范式。站在一个作者的立场,一个写作者怎样才能写出如此受人追捧的作品?站在一位教师的立场,这样的写作理念又能带给我们怎样的教育启示?我想,大概有以下几个问题值得我们去思考。

让理论变得简单易懂。"正面管教"的理论体系源于美国,以奥地利心理学家 Alfred Adler 和 Rudolf Dreikurs 的"个体心理学"理论为基础，由简·尼尔森和琳·洛特等教育专家完善，是一个专注于相互沟通的、体验式的家庭教育体系。任何一种教育实践或行为，其背后一定有一个完善的理论体系做支撑，但这种理论体系往往是抽象的，普通读者理解起来必定会感到艰涩无比。如此，要让一部分作品为大众所接受，就需要把抽象的理论变成简单易懂的实操性案例，而这靠的就应该是"化复杂为简单"的能力。这种能力，对于一个写作者来说，显得尤为重要。从知识传递的角度来说，这种能力恰是各种理论得以被大众接受的关键。

这一点，带给教师的启示也是显而易见的：教学，从本质上讲，就是教师把学生自己无法了解的东西展示给他们看，并用最简单、最易接受的方式让学生了解得清楚，了解得明白。遗憾的是，我们很多老师习惯于站在自己的立场上去理解知识，很少去考虑学生的基础和接受能力。向《正面管教》的作者学习，让理论变得简单易懂，应该成为每个教师的基本认知。

带给读者最佳的行动方案。《正面管教》一书分析了当下普遍存在的两种家庭教育方式：一是控制型，就是父母对孩子实施全方位的监管，不允许孩子脱离父母规划好的行为轨道；二是娇纵型，就是对孩子彻底放手，溺爱、放纵孩子的行为，彻底放弃父母对孩子的管教职责。无疑，这两种家庭教育方式都不利于孩子成长与发展。在此基础上，本书提出了中间路线——和善而坚定。也就是说，父母在家庭教育中的行为方式是既不骄纵，也不惩罚。这种方案吸纳了前两种方式中的可取之处，又淘汰了其中的不利做法，顺理成章地成为值得尝试、可以探索的新方案。

其实，不仅是家庭教育，学校教育中也存在着"控制型管理"和"放纵型管理"。在每一所学校，我们几乎都可以看到这样一种班级：

全班同学行为举止绝对一致,自习、课间学生秩序绝对井然,学生的脸始终不由自主地紧绷着。毫无疑问,这是一位严厉班主任管制之下的班级。还会有另外一种班级:班级纪律涣散,课堂秩序混乱,学生自由散漫……这一定是一个佛系班主任管制下的班级。那么,真正的班级管理是否应该遵从第三条路径,也就是"和善与坚定并行"的拓展版——宽严有度,一张一弛?这或许是《正面管教》作者带给教育者的另一个思考点。

教会读者如何去做。《正面管教》与其他家庭教育书籍不同的一点,也许就在于它对家庭教育中可能出现的问题都给出了详尽的应对策略,这是其能够流行的主要原因之一。因为,随手可拿的方法是每个人都希望得到的行动法宝,有了它们,就可以少走不少弯路。但是,过于具体也不可避免地带来了局限性,毕竟太过具体的方法,不仅会限制人的视野,也会将人带到懒惰或浅薄的境地。

于教师而言,这也正是需要去避免的——千万别手把手地去教学生,千万别把学生的思路变窄、思维变僵。也就是说,给他们行动方案,别纠缠于一招一式的方法。

02

读佐藤学的作品,印象最深刻的莫过于其对"共同体"的理解。在不同的作品中,佐藤学始终将创建"学习共同体"作为学校改革的哲学,并将这一哲学解读为三个原理——公共性、民主主义、卓越性。

2016年1月,我通过一场写作挑战活动组建了教师成长共同体——叙事者。四年来,叙事者坚持每月共读一本书,每周提交一篇教育叙事，人人尝试开展叙事教育研究，团队与成员在不同的层面有了不同的收获。四年的时间，我们始终致力于把叙事者建设成一个真正的"学习共同体"，也试着去探索叙事者自己的成长哲学。在读过佐藤学的共同体理念之后，借由佐藤学的三个基本原理，我觉得叙事者的成长哲学可以由"共有、共建、共为"三个原理组成，并共同指向团队成长。

共有，体现的是共同体的"公共性"，强调和谐共生的团队生态。叙事者是教师的公共学习空间，是为了实现所有成员的成长，达成成长型团队的公共使命而组建起来的学习团队。目前的叙事者组成结构层次分明，有以个人身份加入的"自由人"，有以小团队形式整体融入的"组织人"，也有结伴而来的"合伙人"。但无论是哪种人，都是叙事者的主人，都可以在叙事者营造的学习空间中自由呼吸、自在成长。我始终强调叙事者里不会有领袖，也不会有统治，有的只是平等而公平的成长。从这个意义上说，叙事者就是成全大家成长的大家，是所有人的大家。

叙事者存在的意义在于，它让叙事者成员无论在多么忙碌的生活里，依然能够保持与文字的必要链接。叙事者的存在提供了一个虚拟空间，在这里成员们保持着写作的习惯、阅读的习惯和成长的习惯。当然，这只是一种外在的彰显，其内在的意义在于，它足以让每一个参与其中的人感到满足，可以在不知不觉中生成这样一种生命态度：即使平凡如尘埃，也是一粒不甘自我堕落的尘埃，还可以在如此喧嚣的世界里，安安静静地守护住一片小小的疆土。在这份安静里，有诗意与豁达，有清爽与暗香；在这片疆土上，有善意盈盈，有淡淡期许。所以，应该感谢叙事者，是它让自尊与骄傲，在每一个人的世界里安静地驻扎。

共建，体现的是共同体的"民主主义"，强调协同共进的建设方式。在叙事者，每一个人都是权利持有者，也都是责任建设者。每一个人都有权利享受团队带来的成长福利，每一个人也都有责任为团队的建设出力。那么，怎样才能成为团队的建设者？对普通团队成员来说，模范遵守团队规范、积极参与团队活动、认真完成成长作业……这样的努力和坚持就是一种力量，就是对团队的一种建设。对管理员而言，为团队成长建言、为教师成长服务、为所有的成长默默付出……这样的心甘情愿与自我满足就是一种力量，就是对团队的一种建设。所以，对叙事者而言，成长是最好的建设。

成长是叙事者最为不竭的动力。那些在生活的紧要处仍然坚持成长的人，那些将自己的作品结集出版的人，那些日复一日默默上交成长作业的人……他们都会带给团队以激励、鼓舞和向往。那些领读者、引领者和关注者，他们的一次次领读、一场场讲座、一篇篇报道，营养了叙事者，促成了团队的成长和成功。还有叙事者的管理员们，他们不辞劳苦、不计得失，在繁重的教学与生活压力之外，利用自己的休息时间为团队服务，为每一个人的成长助力——这就是他们的伟大之处。最近，管理员们建了一个群，群名叫作"叙事者干活群"。你看，干活，就是这么直接而朴素。是的，他们都是在干活，为自己的成长干活，为他人的成长干活，为团队的成长干活。

共为，体现的是共同体的"卓越性"，强调追求完美的团队愿景。任何共同体都会有一个美好的愿景，都会为了某种目标锲而不舍。叙事者的愿景就是"成长以及帮助成长"，具体来说就是尽最大的可能让自己成长，尽全力帮助他人成长。在叙事者，没有任何一种荣誉会比成长更值得炫耀，也没有任何一种目标会比成长更值得追逐。我尊重所有为成长而努力的人，敬重所有为成长而坚守的人，这是我的价值观，也应该是叙事者的价值观。在这样的价值观念下，叙事者会有所为，也会有所不为——所为的，肯定是有利于成长的；所不为的，肯定是不利于成长的。

四年的努力，叙事者成就了一些老师，也成就了叙事者团队。我想，叙事者的未来会更加美好。

我们需要的"每天四问"

扫码听书

1942年7月20日,陶行知在育才学校三周年纪念会上发表了一篇讲话,题为"每天四问"。他让育才学校的师生员工每天问自己四个问题:第一问,我的身体有没有进步?第二问,我的学问有没有进步?第三问,我的工作有没有进步?第四问,我的道德有没有进步?我觉得,直到今天,这四个问题依然有借鉴意义,依然值得我们去思考和践行。

01

我的身体有没有进步?我自认为是一个比较勤奋的人,而正因为勤奋,所以忽略了很多重要的问题。年轻时只知道在工作上使劲,加班加点是经常的事情,点灯熬夜写稿子更是家常便饭。在很长一段时间里,我甚至以此为荣,经常自己感动自己。直到年龄渐长,当身体越来越无法支撑加班式的勤奋时,我才忽然意识到自己欠缺了另外一种进步——身体的进步。其实,勤奋与锻炼身体并不矛盾,科学合理地安排作息时间，持续坚持锻炼身体，也应该是勤奋的一种。只不过，我们经常会误解勤奋，以为勤奋仅是那些可以往自己脸上贴金的努力。岂不知把自己的身体弄得强壮有力，不仅有助于其他勤奋与努力，而且其本身就是人生最值得炫耀的成功。

在这一点上，我的朋友段惠民就很值得学习。他无论多忙，都会坚持进行体育锻炼，并始终保持精神上的昂扬与心理上的向上。从他的朋友圈里，那些天南海北的奔波里，总可以看到晨跑、锻炼与各种各样的运动。每次见他，总感觉这位老兄的身体与精神状态比我要好得多；每次听他的讲座，都会被他激扬的情绪和充沛的体力所感染。我曾经问过他，为什么可以永葆"精力旺盛"，他脱口而出的是：锻炼锻炼锻炼，每天坚持锻炼，每天保持好心情，才有精力去做自己想做的事情。

02

我的学问有没有进步？这里的学问，应当是指知识体系的逐渐建构与不断完善。现在有一种很不好的现象：年轻教师走上讲台之后，往往就成了一个慢性消耗品——只出不进。我曾经做过一个匿名调研，在中小学教师群体中，不读书或极少读书的人可以占到30%。这个30%是基于调查数据的分析得出的，实际情况应该会更糟糕一些。有很多老师，工作几十年，除了教参和教材以外，就没有正儿八经读过一本书。这样的老师，无论知识还是视野显然都有限，他们做教育也就不可能做到精致，只是把教育当作工厂里的活计来做。这应该是当前教师专业成长最大的障碍之一。所以，做教师就必须做学问，做一辈子学问。

做学问这事并不像大家想象中那么不接地气。学问之术，无外乎一进一合。一进，就是说你要不断吸收新鲜的东西，多读书就是一种不错的方式，读书多了学问就可能大了。为什么说"可能"？那是因为吸取好东西之后，你还需要慢慢咀嚼、慢慢消化，把其中的营养变成自己的东西。理论一点说，就是进行知识建构，把外来的新知识与自己的实践或想法糅合在一起，形成新的认知，这也就是所谓的学问了。每天读一点书，然后把书里的东西糅进自己的认知体系，慢慢也就有了学问。

03

我的工作有没有进步？对教师而言，这应该是比"学问"下位一些的问题，指的是具体的教学能力和"技术"有没有长进，教育的艺术有没有增强。每天进步一点点，这是教师经常对学生提出的要求，其实它也适用于教师。今天批评学生的方式是不是比昨天好了一些？今天对教材的理解是不是比昨天到位一些？教师的专业成长意识就在这样的反思中产生。明天怎样才可以做得更好？明天应该注意些什么问题？教师的专业成长就在这样的追问中发生。一位教师的工作进步，应该起于反思、成于实践，这也是教师成长的基本路径。那么，我们有多少老师有反思的习惯呢？我想，应该不会很多。

一个没有反思力的教师，不会走得很远。这一点，我笃信。那么教师的反思力从哪里来？反思力的培养方式有很多种，其中比较有效的应该是写作。总起来说，写作这种反思形式要比简单的"想一想""琢磨一下"等更规范，也更深入。教师的写作不是文学创作，不需要艺术化的加工，只需据实而"思"即可。比如把一些教育生活细节记录下来，然后进行深入细致的思考，形成自己的认知与观点。教育写作是当下比较有效的教师成长方式。

04

我的道德有没有进步？就这一问而言，我倒是觉得它可以算作前三问的结果。试想一下，一个人有着强健的体魄、健康的心灵，坚持读书、写作和学习，坚持进行自我反思，他怎么可能是一个道德败坏的人呢？在我看来，所谓的道德，其实就是一个身体与心智健康的人，在不断的自我学习、自我成长的过程中洋溢出来的人性之美。一个成长着的人就应该是一个有道德的人，一个有道德的人自然也就是一个极具成长力的人。陶先生专门把"道德"拿出来进行追问，并且放在最后一问，可能也是觉得道德问题会在前几个问题解决之后，自然而然、水到渠成地实现。

那么，概括起来说，我们要想做到陶先生的"每天四问"，大概做到以下几点就可以了：每天保持必要的运动，每天读一点有益的书籍，每天记录一下值得反思的生活，然后收获的就会是成长，这个成长，不仅是道德的成长，更是整个生命的成长。

让教育拥有更高位的理想

扫码听书

有时候,读一个人要从一本书开始,读一本书也可以从读一个人开始。

01

在叙事者管理团队群里,负责海报设计的晁老师展示了方华老师的两张照片:第一张脸色黝黑,第二张脸色明显白了很多。一群人讨论得热火朝天,觉得第二张照片有如此变化肯定是因为方老师到上海工作以后变洋气了。甚至有个小粉丝说:"我如果先看到方老师的第二张照片,当初阅读的感受都会不一样。"我很少在群里和这些年轻人说话,看到这里也忍不住插了一句:方老师本人和我一样黑!

黑,这是方老师留给我的印象。几年前,参加湖北武穴的一次交流活动时,我曾经与他有过一面之缘。回想起来,关于他我能够记住的也就两点:一是,一个县级教体局局长竟然能够做讲座,这是难能可贵的;二是黑,因为自己长得黑,所以见到皮肤黑的人就倍感亲切,越黑越亲。再见他,就是最近在华东师范大学举行的一次活动中,当时的他已经从弋阳到了上海工作。他依然很黑,只不过衣着比起几年前确实洋气了很多。

其实,像他的黑一样不变的,还有他对教育近乎偏执的虔诚——武穴之行如此,华师之行亦是如此;像他的衣着一样在变的,是他对教育的理解,越来越深刻,越来越接近本质。当叙事者决定共读他的书时,我一直在想:从他的书里老师们可以读到什么?或者说,应该读到什么?

02

《做有温度的教育》这本书是方华老师的一本随笔集,收录的是他近几年来对教育的感悟和理解。既然是随笔集,其结构和内容自然也就呈漫反射状。很多老师在读这本书的时候感到有些散,不知道应该如何去写一篇读后感。有老师问过我,也有老师在群里表达过类似的困惑。我想,写随笔集类图书的读后感,无外乎两种办法:一是就书中某一篇很感兴趣的文章进行理解与感悟,二是抓住书中能够概括整本书的核心观点去讨论。前者比较简单,但容易走向偏颇;后者比较有意义,但写起来稍有难度。

决定写这本书的读后感后,我认真地把整本书读了一遍,似乎抓住了其中的一些核心观点。比如,以良好的校风影响家风,改变民风;到底应该做"十八岁的教育",还是做"八十岁的教育";教育是培养人而非培养人才的;等等。这些观点,每一个都值得我们长篇大论。细细品味之后,我有了一种感觉——它们的背后,似乎隐藏着某种思想或者愿景,我应该想法找出来。于是,我停下来去想,把书本放到一边去想,终于有一句话冒了出来——我们应该让教育拥有更高位的理想。

换句话说,方老师始终在努力的,无外乎这样几点:把教育的影响力做大,直至能够改变民风,也就是改变社会;把教育的定位做远,必须要做"八十岁的教育",也就是为了人终生的教育;把教育的目标定高,超越人才目标,也就是朝向全人教育。

而这些概括起来,就是让教育更加高位,让教育的理想更加高位。

03

杨主任曾在一次部门会议结束时以开玩笑的口吻说:"教研室的终极目标是解放全人类!"当时我们都哈哈大笑,觉得这是一个超级搞笑的冷幽默。我们为什么会笑?因为大家习以为常地认为,教研室的职责应该是研究教学、指导教学、服务教学,就是带着老师们千方百计抓分数、出成绩,解放全人类的宏大理想,似乎与我们并没有什么关系。现在回想起来,这个玩笑也许正是一种朝向高位的引导,其蕴含的深意大概是,教研工作千万不要拘泥于分数和成绩,它应该有更为高远的目标。

人做事都会有目标,远一点的称为理想,再远一点的叫作梦想。最初做教师的时候我们都有理想,甚至是梦想。走得久了,大多也就只剩下了目标,并且这个目标越来越低,越来越具体和实际。比如,一位新入职的年轻教师,他的职业梦想也许是成为教育家。几年之后,教育家的梦想也许就变成了做专家型教师的理想。再后来,成为优秀教师、合格教师也许就是个人努力的目标了。甚至,他会把合格教师的目标窄化为分数的获得，抑或是应付完一节又一节的课。所以，综合教师发展的现状来看，教师的教育愿景一般呈下滑趋势，越来越具体，越来越实惠。

而方华老师则不同，他在历经教师、校长、城管局局长、教体局局长等岗位之后，其教育情怀不仅没有走下坡路，反而一路高扬，直接提出用校风改变民风的高位追求。校风作为一所学校的文化旗帜，几乎所有人都觉得它只可以飘扬在全校师生的精神之中。而方华老师则不同，他觉得校风是用来改变民风，也就是改变社会的，这似乎与"解放全人类"有着异曲同工之妙。方老师的工作经历比较丰富，以至于很多时候我们竟然找不出合适的称谓。校长？局长？主任？似乎都可以，似乎都不那么贴切。所以我选择用最高礼遇来称呼他——方老师。是的，"老师"应该是教育工作者的最高荣誉。

我一直在想，是什么力量支撑着方老师从乡村走向了大都市，又是什么力量让他在应该随俗的年纪依然对教育保持着一份简单和清纯？读完《做有温度的教育》后，我似乎有了一个不那么准确的答案——他所努力的，也许就是尽力让教育拥有更加高位的理想。

仅此而已。

第六辑

最重要的是守住常识

  在很长一段时间里,我根本无法跟上教育创新的步伐,总感觉自己是被新理念和新思潮拖拽着艰难前行。幸运的是,在自感无力改变的教育生活里,我依然保持了对常识的必要认知和清晰指认。

管理好自己的情绪

扫码听书

与青年教师交流的时候，我经常会问这样一个问题：当走进教室面对一群孩子时，你最需要的"第一"专业能力是什么？他们的答案通常比较集中，诸如渊博的知识、超强的教学技术、丰富的实践经验等专业素养层面的答案出现的频率往往占据绝对优势。每每至此，我都想给他们讲一讲李老师的故事。

李老师是科班出身，毕业于重点师范院校，工作已经十二年，正处在经验丰富、精力充沛的职业发展黄金期。他的教学成绩很突出，在年级中一直遥遥领先；他的教学能力很强，多次在市级以上业务大赛中获奖。一天早晨，李老师在开车上班的路上与一辆自行车发生刮擦，受到了骑车人耍赖般的纠缠与要挟。余怒未消的他踏着铃声赶到教室，匆匆忙忙开始上课。在提问环节，他一连叫了两个同学都回答错误，当第三个同学依然没有说出正确答案时，他忽然情绪爆发，冲着学生大发雷霆并推了学生一把，导致学生跌倒受了轻微伤。在学生家长的强烈要求下，李老师被调离教学岗位，成为学校的一名后勤人员。就这样，一位领导赏识、家长认可、学生喜欢的优秀教师，仅因为一时的情绪失控而失去了自己挚爱的课堂，陷入了"英雄无用武之地"的尴尬境地。

李老师留给我们的思考是：知识与经验固然重要，但倘若失去了教学的资格，这一切也就不再具有价值。所以，从某种意义上说，教师最重要的专业能力就是管理好自己的情绪，这既是教师维系日常教学的根本，也是教师走向专业的前提。

现代心理学告诉我们，情绪是掌控一个人行为的底层操作系统，如果不能控制自己的情绪，那么你会常常面临一些失控的局面。纵观各地频频曝出的师生冲突和家校冲突，其中不少可以说是由教师的坏情绪所导致的。通常的状况是，在不良情绪的驱使下，不该说的话说了，不该做的事做了，不该逾越的底线逾越了。事后，人们往往会悔恨交加——我当时为什么就控制不住自己的情绪呢！从一线实践来看，精神层面的类似冲突已经成为教师焦虑和困顿的主要原因，严重影响着教师的生命质量。而且，随着社会对优质教育的期待值越来越高，教师群体的精神压力也越来越大。通过科学的情绪管理实现精神世界的清朗与澄明，已经成为教师群体的必然选择。

毋庸置疑，在现实教育环境里，良好的情绪自控能力已经成为新时代教师的必备素质。所谓教师的情绪自控能力，是指教师对自身的心理和行为的主动掌握、适当控制和积极调节，是教师根据教育需要组织选择情绪的一种综合能力。举个例子说：当一个教师受到学生的严重挑衅时，与学生针锋相对地进行口舌战，或者采取以牙还牙的方式拳脚相加，这就是一个自然人情绪的自然宣泄；如果教师在受到挑衅时能够意识到自己是教师，而有意识地对情绪进行调控，选择有利于教育开展的良性情绪，这位教师就具备良好的情绪自控能力。

情绪失控带来的问题随处可见，控制情绪的意义也无须多言。对于青年教师来说，最希望知道的可能是"如何控制好自己的情绪"。

这是一个非常复杂的个人修为问题，不仅需要循序渐进的长期努力，更需要教师去不断探索适合自己的情绪管控方式。在这里，我只能提供一些比较普适的概念和认知，帮助青年教师走上情绪管理之路。

在心理学上，有一个概念叫"心理按钮"，也就是我们在成长过程中在内心为自己设定的"心理程序"。当有人一不小心摁到了这个按钮，被预设的心理程序就会启动，从而释放出负面情绪。比如，在师生关系中，学生的一句话、一个表情或者并不严重的错误，也可以让教师暴跳如雷、怒不可遏，这就是因为学生恰好摁到了教师的心理按钮，激发了教师心里预存的糟糕情绪。基于这样一个原理，当教师感觉到自己即将情绪失控时，就应该及时提醒自己——我的负面情绪和痛苦与眼前的这个学生无关。如此反复强化训练，让"按钮"理论成为根植于内心的自然认知，建立起一种"学生不过是摁了我的按钮而已"的意识，将人与问题分离开来，这将有助于教师形成情绪自控能力。

当然，培养教师情绪自控能力的方式与途径有很多，我们肯定无法完全介绍清楚，上面所谈的"按钮"理论不过是其中的一个方法而已。我倒是觉得，与方法相比，对于具有专业背景的教师来说，以下两个基本认知似乎更值得记住：一是相信自己可以管理好自己的情绪；二是告诫自己必须管理好自己的情绪，要清晰地意识到情绪管控不是"能不能"的事情，而是如何管控的问题。有了这两个认知，教师情绪的自我管理就有可能得以开展并实现。

拿破仑曾说："能控制好自己情绪的人，比能拿下一座城池的将军更伟大。"借此说法，我们可以认为：能控制好自己情绪的老师，比只知道冲锋陷阵、攻城略地的老师更有未来。

有一颗干净、自由与充满爱意的心

扫码听书

有一位年轻教师给我写了一封信,讲述了他最近遇到的一件伤心事。

学校组织的暑假开学"收心"考试结束后,他发现班里有几个同学的考试成绩很差,联想到这些学生平时学习不认真、经常完不成作业,便有些生气。他在教育这几个学生时,一冲动打了他们几下。结果,他被家长告到了教育局,学校领导让他写说明材料。这位老师说:"这几个学生其实很聪明,只是不爱学习,我实在是觉得他们不好好学习太可惜了,我真的是为了他们好……我知道自己有做得不对的地方,但还是感到很委屈。"最后,这位老师问我:"王老师,你觉得我应该怎样才能在短期内有效教育这伙懒惰贪玩、学习态度不端正的学生呢?怎样才能把他们的学习成绩快速提高起来呢?"

我相信,有着类似经历或者相似纠结的老师一定有很多。这些老师在潜意识里,总是对学生恨铁不成钢,总是觉得自己在严厉批评学生都是为了学生好,都是在对学生的生命成长负责。在这种认知之下,教师的教育行为往往容易超越政策法规允许的范围,出现一些失当或过度的惩戒手段。当这种行为被学校或者行政部门纠偏之后,教师的内心容易滋生委屈感，会有好心不得好报的愤懑。甚至于，有的教师会因此而一蹶不振，自暴自弃。

其实，这些问题的根源在于你并不成熟的一种认知：我是为了你好，你应该接受我的意志，你应该朝着我期望的目标去努力。你认为学习成绩代表一切，那么所有的孩子、所有的家长就得彻底相信分数的价值，就必须在为分数而努力的道路上一直走下去。仔细想一想，这样是不是已经夸大了教师的作用，是不是已经窄化了教育的价值？在多元价值观的影响下，现在的父母一般都愿意承认孩子的差异，在他们的认知里，成功未必都与分数有着十分强大的联系。幸福感、自由度、基本素养的达成等，已经慢慢被父母们融入对学校教育成果的期待之中。那么，如果教师再以一元认知去应对学生与家长的多元愿望，教师的影响力就会大打折扣。事实上，教育不是万能的，有着自己的边界和局限。作为教师，我们可以把自己的认知尽可能地传递给学生和家长，但万万不可把自己的认知当作唯一的真理。通俗地说，你以为分数可以改变一切，他们未必这么认为；你以为升学和工作是人生的全部，他们也未必这么认为。

在信中，你一直追问怎样才可以彻底教育好这些学生。我反倒觉得，你现在最需要做的并不是去寻找改变这些学生的方法。原因很简单，一是世界上没有包治问题学生的灵丹妙药，更不会有让学生马上开启主动学习模式的策略和方法，既然没有，你也就肯定找不到；二是你这样问，说明你还是没有意识到问题的症结所在，你依然觉得自己的认知是正确的，是应该被学生和家长彻底接受的真理。倘若真的如此，你会距离解决问题的方案越来越远。我个人的建议是，你现在最需要去做的，不应该是去想如何改变学生，而是要好好想一想如何改变你自己，如何尽快打开自己的心灵世界，修炼一颗干净、自由与充满爱意的心。

那么，什么是"干净、自由与充满爱意的心"？这是一个不好界定的概念，但它应该有这样一个底线标准：不唯分数来衡量学生的生命本质，不因现实的考核量化而改变自己的教育初心，纯粹而真诚地去喜欢学生。我一直在想，你之所以在处理学生问题的过程中有"失手"的冲动，原因是你太在意学生的分数，太在意学校基于分数的量化和考核。也就是说，你对学生的爱还没有达到纯粹的程度，还多多少少掺杂着学生成绩会影响教师成绩或者教师形象的成分。在我看来，如果你的内心世界依然为分数所捆绑，那么你的教育就永远无法摆脱狭隘、偏激和粗暴，就永远不可能真正走进学生的内心世界。

如果你能先把自己的内心世界打开，学会接纳各种各样的学生，看得见不同学生的好与优秀，你就不会那么焦虑，也就不会失手打学生。当然，我们现在所处的教育环境不够理想，每一个教师都必须承受考核带来的压力。这些压力我们必须要去面对，但不应该原样不变或者增压后再传递到学生身上。一个有着干净、自由与充满爱意之心的老师，肯定会有意识地去主动淡化或者消解这些压力，用自己的责任与担当抵挡住纷至沓来的寒意，尽可能为学生营造一个诗意盎然的春天。

由此，我们可以归结起来说：干净，就是纯粹，就是"只是为了你好"而不包含任何私心杂念；自由，就是舒展，就是为了学生的舒展而舒展自己。对于教师来说，只有内心纯粹、心灵自由，才能让自己的爱意单纯，才能摆脱因爱而衍生出来的困惑、焦虑与不安。

永远保持必要的善意

扫码听书

魏巍在《我的老师》一文中这样描写蔡老师：

她从来不打骂我们。仅仅有一次，她的教鞭好像在落下来，我用石板一迎，教鞭轻轻地敲在石板上，大伙笑了，她也笑了。我用儿童的狡猾的眼光察觉，她爱我们，并没存心要打的意思。

从来不打骂学生的蔡老师为什么举起了教鞭？显然是学生犯了比较严重的错误，这份错误足以让老师愤怒不已，甚至采取十分严厉的措施来惩戒学生。但是，蔡老师却将教鞭"高高举起，轻轻落下"——高高举起，是蔡老师对学生错误的一种警示；轻轻落下，则是蔡老师固守的一份善意。正是这份善意，不仅让学生知道了自己的错误所在，而且感受到了老师对自己的关爱和疼惜。很明显，这种善意所带来的心灵触动，远比恶狠狠的批评更加具有教育力量，远比声嘶力竭的恐吓更有价值和意义。其实，善意是人之根本，更是教育之根本。无论一个人的教育理念多么超前，无论当下的教育技术多么先进，教师都应该对学生、对教育怀有必要的善意。

令人遗憾的是，现在很多人习惯对善意保持足够多的距离和怀疑：一方面，他们自己不愿意对这个社会付出善意；另一方面，他们也不相信这个社会有善意存在。幸运的是，在我们的教育中，善意依然存在，依然在闪烁着人性的光辉。虽然这份善意越来越少，虽然它也有可能被时代裹挟着趋于暗淡。但是，那些普普通通的人，那些平平常常的事，依然在不遗余力地向世界和他人传递着自己的善意，用自己的方式诠释着一个问题——善意是什么？

善意往往只是一颗心的自然反应。学校里转来了一个学生，学习成绩极差。在安排班级时学校犯了难，谁都不愿意要这个明显会拖班级成绩后腿的学生。孩子的父亲红着脸尴尬地直搓手，孩子则羞愧地低下了头。就在这时，刚刚出差回来的李老师柔声说道："你愿意到老师的班里学习吗？"声音不大，却让孩子的眼里顿时布满了光芒。孩子狠狠地点了点头，然后深深鞠了一躬，高高兴兴地跟着李老师去了教室。有人问李老师有没有考虑过他会影响班级成绩，李老师说："他是个孩子，他得上学，其他的我没有多想。"正是因为"没有多想"，李老师才能够在利益的考量、个人的盘算之外，发乎本心、源于本性、出于本能地呈现出心中的善之端。在人心日益走向自我、走向自利的今天，有些教师在应对教育问题时首先关注的可能是个人的得失，总是不由自主地做出对自己有利的选择。但是，也依然有那么多教师固守着自己的良知，在个人的现实回报与学生的生命成长之间进行取舍时，毫不犹豫地选择了后者。这就是为师者的善意，也是教育之所以依然是教育的原因。

知世故却不世故，是教师对教育的最大善意。刘老师已经年近五十，始终坚持亲自批改全部学生的作业。有同事提醒她：学生这么多，每一本作业都批改太累了，何不随大流批改其中的一部分呢？更有好心的同事教她：你可以先让家长在家里检查一遍，然后让学习组长进行批改,你只要抽查其中的一部分看看就行了。刘老师毫不领情地回答说:"作业让家长批改,那么教师的职责是什么呢?"世故是一种神奇的力量,它可以顷刻间同化所有意志不坚定的人。几乎所有人都知道不应该弄虚作假,但是当上级来检查工作时,所有人又都会毫不犹豫地开始编造材料——这就是世故的力量,大家都是如此,我们又怎能不随波逐流呢?在当下的教育环境里,不入俗、不随俗、不随大流是一件很艰难的事情,它不仅需要强大的精神坚守,还需要付出一定的利益作为代价。也正因此,像刘老师一样懂得世故却又不甘于世故的教师,就显得尤为珍贵。

不挑衅学生,是为师者最底线的善意。在一所学校支教时,我曾经见过一场师生之间的冲突。一个学生未完成作业,被老师堵在教室门口批评。学生不服气,回了几句,老师开始变得异常愤怒。两个人的声调越来越高,气氛越来越紧张。"你很能是不?你那么有本事还待在这个班里干什么呢?"当老师的这句话脱口而出时,学生猛然间爆发,疯了一般冲向楼下,跑出了学校大门。自此以后,无论怎么做工作,这个学生始终不愿意再来上学。后来,这位老师十分后悔,仅仅因为一次作业检查,就把一个学习成绩还不算太差的学生逼向了绝境,选择了退学,他觉得自己的处理方式太过激了。说心里话,类似"有本事你就别……"之类的话语,通常具有十分强烈的挑衅意味,对学生的杀伤力极大,而老师却往往并不自知。如果站在局外人的角度来审视不断爆出的师生冲突,似乎教师在与学生的交往中会不由自主地扮演"挑衅者"的角色。当然,这个"挑衅"是隐蔽的、不易察觉的,是教师在正常的言语表达中无意"流露"出来的。而这,恰恰可能会成为教育失败的关键。所以,对于教师来说,在履行教师职责的实践中,最应该守住的底线就是:无论什么时候,都不要去挑衅学生。

　　心存善意,自有花香相随,善意的传递可以让充满爱、平等、尊重等美好的教育慢慢绽放。对学生与教育都怀有善意,深信一切都可以更加美好,这才是教育的本意,也是教师的本分。

努力成为学生的"贵人"

扫码听书

在一次新教师培训活动中,一位年轻教师问我:"在今天,教师到底应该以怎样的身份出现在学生的生命中?"这个问话的背景是:为他们做讲座的几位专家,分别从自己的立场强调了教师的不同身份属性——年长者告诫年轻教师要做春蚕和蜡烛,甘做学生成长的铺路石;新派专家则强调平等与尊重,告诉年轻教师应该做学生的陪伴者和同行者。其实,这些观点都对,在学生成长过程中,教师的价值和意义肯定是多维的,很难用几个关键词来概括。但是,二十多年的教育生涯走过来,我越来越感觉到教师最应该努力成为的,也许是学生生命中的"贵人"。

什么是贵人?美国阿姆斯壮大学前校长黄天中曾经谈及自己的贵人。黄天中自幼家境贫寒,也没有过人的天资,拼尽全力才考上了台湾一所很普通的大学。后来他到美国一所大学半工半读,虽然学习很勤奋,学习成绩却没有达到申请奖学金的水平。汉密尔顿教授看到了他的努力和进步,坚持为他申请奖学金,理由是"他具有其他人所没有的成长曲线",并最终获得成功。教授的行为不仅帮助黄天中摆脱了生活拮据的困境,也激发了他的学习斗志,更是影响了他的教育理念。他在做校长后，就把"别看我一时，且看我一世"作为校训，帮助更多暂时不成功的人获得了成功。后来，黄天中成为十七所大学的客座教授或兼职教授，所获荣誉不胜枚举，但他始终把汉密尔顿教授称为自己生命中最重要的贵人。

这个故事告诉我们，贵人就是在你人生的转折处等着你，悄然改变你一生的那个人。换个说法，贵人就是那些让人变得更好的人。贵人的这一特质，恰恰与教师职业实现了本质上的完美契合。因为从某种程度上说，教师就是一种使学生生命变得更加美好的职业。所以，一个教师要实现"更加美好"的职业追求，就应该学会做学生的贵人。那么，怎样才能成为学生的贵人呢？我觉得有两点特别重要：

一是利于学生的成长，让他们在每个关键点上都可以获得帮助。随着社会对教育的期待越来越具体与功利，教师的职责也越来越被人为窄化。在今天的很多教师看来，只有知识传授才是教师的本职工作，也是可以尽快给家长一个交代的捷径。所以，很多教师心甘情愿地在知识搬运的路途上劳苦，千方百计向学生灌输尽可能多的知识。他们以为这就是成长，这就是教育的终极追求。其实，他们忽略了一个重要常识——传递知识只是教师的基本职责。从根本上说，这种劳作与工人为零部件涂上油漆并没有什么本质区别，根本不能称为育人，更谈不上真正的教育。

爱因斯坦曾对教育做过一种解释，他说："所谓教育，就是一个人把在学校所学全部忘光后剩下的东西。"那么，学生离开学校后能够记住的是什么呢？通常来说，他们不会记得在什么时候，老师讲过哪些知识，但他们大都会记得在人生的关键点上，老师曾经给予过他们怎样的指导、建议和帮助。其实，为人师者最大的责任就是帮助学生化解人生中的各种纠结、烦恼和焦虑。如果教师在学生最悲观无助的时候，能够站出来，及时地给他们一点帮助和指导，带着他们走出人生的沼泽地带，那么，在他们的世界里，教师就是他们生命中的重要他人，是他们一生的贵人。因为，教师在拐弯处的指点，改变的是他们的人生和命运，他们一生都会因此受益。

二是利于学生的心灵，让每一个经过身边的人都可以丰盈纯粹。大多数教育者会陷入一个误区，以为只要帮助学生获得了比较理想的学习成绩，哪怕教育的方式手段不够科学也值得忽略。在这样的理念之下，教育被简化为分数的追逐与较量，学生的心灵在这种追逐与较量中被忽视、被忽略，乃至被戕害。其实对学生而言，比成绩更重要的，是如何让生命变得舒展、充分和丰盈。所以，认识并开发学生的内心世界，让学生的心灵无限丰盈，是教师最重要的职责，也是教师能够成为学生的贵人的关键所在。因为，一个心灵世界无比敞亮的人，一定可以生活得更加鲜亮，人生的收获也会更多。

在学生的世界里，有两种人很重要：一是父母，二是教师。教师应该是唯一与学生没有血缘关系却可以参与学生生命成长的人，对此我们教师应该感到无比荣耀和责任重大。当学生依次从我们身边经过，我们应该以怎样的姿态来面对他们？这是成为他们生命中的贵人必须要思考的重要问题。我想，如果可以的话，我们应该努力站成一道光，照进学生的心灵，满足学生心中所愿，让他们在喜悦与鼓舞中获得继续行走的能量。做一个为学生鼓掌的人，做一个能够持续为学生续航的人，让他们习惯于斗志昂扬，让他们学会热爱成长本身，这就是教师能够给予学生的最大心灵利益，也是教师最神圣的心灵传递。倘若，当学生从我们身边路过时，内心陡然间热血澎湃，那该是怎样的一种幸运——学生的幸运，教育的幸运。

我们是不是可以这样说，一个教师最大的成功，应该就是能够成为学生的贵人。

不可以太过于"现实"

扫码听书

有位老师写了一篇文章让我"指导",文章的题目是《英语教学需要伸勺子挖干饭吗》。大概的内容是说,因为休产假,她不得不在初二最后一个学期离开了她所带的班级。一年后,在学生的毕业典礼上,接她班级的老师高调强调这个班级原来英语成绩多么差,现在英语成绩多么好。这让她感到很委屈:她很注重学生学习习惯和兴趣的培养,倡导让学生在快乐中学习。也正因此,她所带的学生往往在初中前两年英语成绩相对落后,而在最后一年迅速提升。这位接班的老师将学生成绩好归功于最后一年的努力,而否定她前两年打下的良好基础,实在是让她难以接受。

读完这篇文章,我觉得作者和文章的主人公恰恰代表了现实中两种不同的教师职业生态。同样是教学成绩突出,有的教师只关注分数本身,研究和琢磨的是如何应对各种考试,如何帮助学生在短期内获得高分;而有的教师则关注学生成长的本质,注重习惯、兴趣及素养的培育,在学生生命的根部用力,从而帮助学生获得终身受益的成长力。两种不同的生态,最终的结果都可以指向教学成绩突出,却带来了截然不同的影响。

于学生而言，前者是工业生产式的快速加工，效率高、见效快，却免不了揠苗助长带来的后劲不足，也免不了视野过窄带来的浅尝辄止；而后者则是农业生产式的养育，尊重成长的规律与节令，虽然看到果实的时间会迟一些，但因为阳光、水分等充沛，结出的果实丰盈而味甘。显而易见，学生需要的是真实的自然生长。他们不仅需要对手，还需要朋友；他们不仅需要竞争，还需要合作；他们不仅需要利益，还需要高尚的追求；他们不仅需要分数带来的成功，还需要收获带来的快乐。

于教师而言，前者能够让自己快速获利，在行走的过程中就彰显出努力之后的"功劳"，自然也就可以在功利的教师评价中获得荣誉和赞赏。为此，这些教师常见的教育表达是这样的："这道题必定会考，必须全部背下来"，"这个知识点考不到，不要在上面浪费时间"。如此，教学就变成了为分数、为考试服务的劳动，忙着摘取熟透的果子，而忽略了整个森林的景致。后者则需要勇气和情怀，他们坚守教育的常识，保持独立的自我，不随波逐流，不顺应功利，他们是真正的教育者。尴尬的是，这些坚守教育本质的老师往往比顺应世俗的老师看起来要糟糕得多。即时考核的优秀、家长与领导的认可等，这些以立时呈现的教育效果为依托的光环大都与这类教师无缘。

中小学教育是基础教育，基础教育的特点是，教师的所有努力和付出，需要经过漫长的岁月浸润，才有可能在学生生命中显现出一点点的价值和作用。并且，这份价值和作用很难追根溯源，很难界定是在哪一个学段、哪一个年级、哪一位老师的课堂上发生的——这就是教育的复杂性，也是不可裁判性。从这个意义上说，中小学教师的劳动价值就在于能够为学生的成长添一点土、加一点水，而不是跳上枝头采花摘果。但事实上，现有的评价体系却在要求老师们去采花摘果，现有的教育所面对的是一个要求即时显现成效的环境。所以，很多人虽然清楚地知道教育常识与规律，却被现实裹挟着不得不去做功利的教育。我虽然不愿意高估个人对抗环境的能力，也知道逆流而行可能会导致船破人伤，但还是希望老师们别太过于现实，要尽可能地减少一点功利意识。

别太过于现实，就是要求老师们在适应现实的同时，又不完全被现实支配。比如说，我们必须要面对教育行政部门或学校组织的各种考试，既要看到考试的必要性，又要做到不为了考试而放弃自己的追求和教育常识。也就是说，我们要有坚定的教育理想和追求，以它来主导自己的教育实践和行动，做自己的教育，做学生需要的教育。有了这份信念，我们就不会因世俗的考核而焦虑不安，也不会因暂时的落后而纠结懊悔。有了理想，就有了行动的原则，就不会被现实禁锢；有了超越现实的追求，就有了行走的力量，就不会被功利胁迫，也不会去在乎一城一地的得失。

别太过于现实，就是希望老师们耐得住寂寞，不被外界的喧哗嘈杂干扰，静心教学、读书、思考。我身边有很多这样的老师：他们忠于自己的内心，有自己的喜好与追求，踏踏实实地上自己喜欢的课，读自己喜欢的书，写自己喜欢的文章。虽然他们从没获得过多高的荣誉，也没有得到过十分隆重的表彰，但他们始终淡定微笑。他们热爱生活，把自己的小日子过得有滋有味；他们喜欢教育，把自己的真心安静地种植在学生的世界里。别太过于现实，要求我们学会认真享受过程，既要有"功成必定有我"的责任担当，也要有"功成不必在我"的精神境界，要懂得教育的成功在学生生命成长的远方。

教师的荣誉是什么？对于教师来说，荣誉的最高境界应该是：你已离开学生很久，他们的生命中却还保留着你的影响。

别误会了"优秀"

扫码听书

刚刚做老师的时候,我一直特别享受那种原生态的自由自在:课堂上遇到问题,可以肆无忌惮地与学生争辩到吵吵闹闹;课堂之外碰到好玩的物件,可以没大没小地哄抢到乱作一团;异想天开了,就带着学生不顾一切地去探个究竟……直到有一天,我很敬重的一位老教师告诉我:"你很有能力,又很聪明,如果从现在开始好好努力,几年后一定可以成为最优秀的老师。"

一下子就有了输赢心。在此之前,教育对我来说只是踏进教室时的那一份快乐,那种费了九牛二虎之力弄清楚一个问题之后的畅快,没有征服,没有竞技。有了输赢心之后,我便不能再单纯地享受教育,开始为自己暂时的落后而焦虑,为自己没有明显的进步而生气,开始有了那种不甘落后的不服气,甚至有了因未能超越他人而滋生的沮丧。我开始关心成为优秀教师必须获得哪些荣誉,去打探哪一种荣誉称号可以通过怎样的方式来获得。就这样,我在追求"优秀"的路上越走越累,越走越难,越来越迷茫。我想知道:追求优秀不对吗?生命的意义不就应该是一步步走向卓越吗?

这是一位年轻教师写给我的一封信的一部分，除了上面的内容以外，他还谈了自己现在的焦虑不安与走不下去的苦闷，并反反复复追问"为什么追求优秀会这么痛苦"。那么，追求优秀有错吗？答案肯定是否定的。无论什么时候，无论什么职业，追求优秀肯定是一种值得鼓励的行为。这位年轻教师，在追求优秀的路上遇到困惑，应该是因为误会了"优秀"。所以，只有先弄明白了"优秀"是什么，才有可能在追求优秀的路上神清气爽地成长。那么，优秀到底是什么？

首先，优秀是自己与自己比较的结果。优秀需要"比"，这一点毫无疑问。问题的关键在于和谁比，是向内比还是向外比。一个习惯于向外比的老师，他在上课时会更多地去关注教学流程是否完美流畅，是否比同事的课更吸引别人的眼球，能否让前来听课的教师颔首称赞，能否在优质课评比时拿到好的名次，而很少关注自己和学生的感受。当一个人有了非得把别人比下去的念头，内心就会被担忧、恐惧和不安占据，生活和工作就会始终处于"战斗"状态，从而导致情绪上的不安与行动上的苛刻，甚至是简单粗暴与歇斯底里。如此，就会出现这样一种"优秀"教师：教学成绩突出，班级管理高效，家长和学校认可，学生却并不喜欢。为什么？大概是因为这些老师的教学成绩是由压榨与逼迫而来，那些分数里包含了学生太多的委屈和压抑。所以，真正的优秀应该是与自己比，将此时的自己与过去的自己比，这种向内的比较，看到的是小而持续的进步，引发的是深刻而有效的自我反思，收获的必定是自由而灵动的成长。也就是说，真正的优秀是让每一天的自己都比昨天更好。

其次，优秀是人生的高品质状态。从自然喜欢到不再纯粹的努力，竞争之心放错了地方，便徒增了很多疲惫和压力。很多人以为，优秀就是在竞争中获得成功，就是在努力之后达到人生的巅峰，这实在是对优秀的一种误解。更多时候，优秀只是人生的一种状态，是人在生活中透露出来的气质。比如，我们说一位老师很优秀，侧重表达的应该是他在道德品质、为人处世、教书育人中显现出来的成熟与完美，与他是不是特级教师、名师并没有多大的相关度。当然，功成名就也是优秀的一部分，但是优秀未必非得功成名就。所以，一个教师走向优秀的过程应该是自我修炼的过程，就是让自己的教育生涯趋于完美的过程。逐渐改变人生中不尽人意的缺陷，慢慢提升自己的教育艺术与智慧，把自己培养成一个心地善良、胸怀坦荡、能力精湛、理念超前的人，并让这份人生气质在平凡的教书育人中自然呈现，也就完成了优质人生的锻造。如此，优秀只是人生的一种状态，与平淡、普通等构成了人生的千姿百态。只不过，优秀是人生的美好形态，是人生的高品质状态。

再次，优秀是个人独特性的无限发展。每个人都是独特的，都有与别人不同的价值。小草的优秀是匍匐于地面却能绽放浓郁绿色的倔强，大树的优秀是伟岸挺拔、直插云霄的冲天豪气。我们不应该要求冰清玉洁的莲花变成雍容华贵的牡丹，也不应该强求山坡上的小野花变成风姿摇曳的玫瑰。对于世间万物来说，各美其美，就是最真实的美好。教师的优秀也是如此，知道自己是谁，明白自己需要的与愿意努力的，找到自己擅长的，一直做下去，长成一个独一无二的自己，也就完成了优秀的自我锻造之路。其实，如果我们认真去研究那些名师的成长之路就会发现，他们并不只是单纯地在优质课评比中获过奖，也并非仅仅有着傲人的教学成绩，能够彰显他们优秀的，恰恰是他们在某一个领域的独到见解和主张。比如，于漪的"教文育人"，李吉林的"情境教育"，等等。他们无不是在长期的教育实践中慢慢找到了自己的专长，逐渐形成了独特的教学风格。正是这些独特性，成就了他们的名家身份与优秀特质。

要有启动第二次呼吸的能力

扫码听书

有位青年教师留言说，他曾经是一位特别上进的老师，工作起来干劲十足又勤奋好学，似乎每天都可以听到自己拔节成长的声音。没几年的时间，无论是教学成绩还是课堂教学能力，他都达到了巅峰——教学质量奖项拿到了最高级别，优质课评比拿到了身边的老师无法企及的名次。然而，在接下来的时间里，他却慢慢失去了动力，什么事情都不愿意再去尝试。他很想像原来一样能够"天天进步"，却总是空想有余而身体不愿意付诸行动，好像总有个声音在不断告诉自己：你已经很好了，不需要再那么拼命了。他说："最令人痛苦的是，我不知道自己接下来应该去做什么。"

其实，这种现象非常正常，它是青年教师成长的一个阶段。一般来说，教师在入职后会有一个短暂的快速成长期，可以在几年内达到教师职业的第一次高峰。当这次高峰到来时，教师的成长会出现三种可能：一是开始下滑，在获得基本认可或成功后，便失去了前进的动力，得过且过、安于现状成为生活常态，职业发展要求不断向前，而教师的职业能力不再提升，这样便造成了事实上的"走下坡路"；二是停滞不前，个人的努力程度仅仅能够抵消职业发展要求的提高幅度,看起来好像满足了教育与教学的常规需要,本质上是在"原地踏步";三是实现质的飞跃,教师的专业发展进入新的高速发展期。从一线实践来看,第二种情况较为普遍,第一种和第三种情况较少。也就是说,个人成长水平仅仅能够满足教师职业发展基本需要的教师占据绝大多数。

从心理学的角度来说,在教师职业发展的过程中,几乎每到一个阶段都会出现成长暂时停顿的现象,这就是"高原现象"。我们之所以特别强调年轻教师出现的第一次高原现象,是因为它更具杀伤力,会把绝大多数教师拦截在再次成长的大门外。教师高原现象的出现,主要是因为当能力达到一定水平时,旧的能力结构限制了我们按照新的方式组织教育,在没有完成新的能力结构改造之前,教师的教育能力会停顿或暂时下降。如果我们想要继续获得进步,就要改变现有的能力结构和已经习惯了的方式方法。简单地说,当教师的职业能力达到一定的水平时,一招一式的小变革就不足以满足能力转型的需要了,而是需要进行彻底的换血式再造。而这种改组与再造是一个艰难的过程,很多人会在这个时候败下阵来,也就出现了职业倦怠形成的主因——高原现象。

教师成长是一个过程,通常会经历开始阶段、迅速提高阶段、高原期以及再次提高阶段的往复循环。这其中的高原期尤为重要,它就像是黎明前的黑夜,熬过去就能进入职业的崭新发展期。那么,教师职业的高原期应该如何去突破?我觉得可以从体育运动的"极点"现象中获得启示。在中长跑时,由于能量消耗大,达到一定程度后便会出现呼吸急促、胸闷难忍、动作不协调等现象,甚至会出现恶心症状,这在运动生理学上被称为"极点"。当极点出现时,若能够保持情绪稳定、加深呼吸,并坚持下去,上述生理现象就会逐步缓解甚至消失。这是由于氧供应逐步增加，人的机体功能重新得到改善，从而使运动能力提高，动作重新变得协调有力，生理过程重新出现平衡。这种现象在运动生理学上被称为"第二次呼吸"。

那么，教师职业生涯进入高原期后，就有必要尽快启动成长中的"第二次呼吸"。

做好职业生涯规划。大多数教师都抱有成为优秀教师的目标，但是这个目标只是个笼统的成长方向，并无具体的方案与规划。所以，一旦成长遇到瓶颈，或者遭遇到挫折与困难，教师很容易选择随波逐流，按照无须努力的方式打理职业。一位马拉松赛跑冠军的成功秘诀是"分段实现自己的理想"。在比赛前，他会把比赛线路认真看一遍，并把沿途比较醒目的标志物画下来，作为一个个小的目标。比赛开始后，他会努力冲向第一个目标，到达后再冲向第二个目标。如此，四十多公里的赛程，就被他分解成很多小目标轻松跑完了。教师的职业规划也该这样，把宏大的理想分解成具体的行动方案，预设好可能会遇到的困难和遭遇的不堪，这样不仅可以有效缓解行走过程中的心理压力，而且有助于增强"第二次呼吸"启动的计划性，不至于因临时抱佛脚而慌乱。

修炼个人顽强意志。初为人师，教师往往凭借激情做教育。经过长时间的行走，获得新知识和新能力的频率越来越低，难度也越来越大。大多数时候，教育实践难免陷入琐碎和重复的怪圈，既没有新鲜感也缺乏吸引力。因此，教师的职业兴趣会有所下降，时时会感到疲劳，甚至产生厌倦情绪，从而导致教育动机的迅速下降。此时，就特别需要教师的顽强意志力，通过意志力来维持强劲的动力系统。实际上，突破高原期就像是翻越一座山，在能力与体力相当的情况下，谁的意志力更强大，谁就更有可能取胜。所以，在很大程度上，教师的成功往往就是意志的成功。

强化知识能力更新。旧的能力结构开始稳固，新的能力结构还未形成，新旧能力结构的过渡衔接是造成高原现象的主要原因。教师应该具有学习意识，主动优化知识结构，发展新的教育技能，不断寻找新的参照物和成长点。比如说，在课堂教学能力的建构上，绝大部分人会止步于县、市一级的优质课评选，能够参加省级课赛的人少之又少。当一个年轻教师在参加课赛的道路上已经走到尽头时，就很容易产生成长的恐慌——以后我要做什么？这就意味着，他的成长高原期即将到来。此时的他，必须迅速找到新的"发光点"，从提升课堂教学能力转到专注课堂教学研究上来。比赛有极限，研究无穷尽。当一个人把兴趣聚焦在突破疑难问题、建构理论体系等更为远大的目标上时，他就一定可以在不断的能力更新中获得动力和激情。

以写作建设好自己的教育人生

扫码听书

这些天,我与新教师交流得比较多。在谈及教师写作时,有的年轻老师会有这样一个观点:我并不想成名成家,只想认真工作,过好自己的教育人生,所以写作对一线教师来说可能就是一件奢侈品,华丽而不实用。我觉得,在谈教育写作之前,我们有必要先弄清楚怎样才是"过好自己的教育人生"。

"过好"是一个很模糊的质量标准,需要做个细致的甄别。前面我已经提到过的绘本故事《田鼠阿佛》,讲了五只小田鼠的生活。冬天快来的时候,小田鼠们忙着收集玉米、麦穗、坚果和干稻草,而阿佛却在忙碌之余去收集阳光、颜色和词语。其他小田鼠都不理解,甚至嘲笑它。冬天来了,田鼠们躲进了石墙,虽然有食物可以慢慢吃,但石墙里又黑又冷,生活变得毫无生机。这时候,阿佛用珍藏的阳光、颜色和词语温暖、感染了大家,好像把田鼠们带回了春天。五只小田鼠度过了一个春天般的寒冬。这个故事揭示了两种不同的人生:一是活在当下,只做明显有用的、能够解决现实问题的工作,就像绝大多数老师喜欢盯着眼前的分数、名次和荣誉,过得具体而实在;二是追求诗和远方,不苟且于已有的成绩、舒适和安逸,所有的努力都是为了更好的未来，可以自觉、主动地自我突破。从这个意义上说，"过好自己的教育人生"，肯定不是通常所说的过得去、将就着过，而是要像阿佛一样过得有阳光、有诗意、有收获、有未来。

有品位的教育人生怎样才能获得？我们身边不乏优秀教师，他们在长期的教育实践中积累了大量经验，只不过这些经验往往都以小改进、小创造、小成果的形式散落在人生的道路上。这些小收获解决的都是一时一刻的小问题，就像是那四只小田鼠收藏的坚果与稻谷，只能为彼时的人生带来小快乐，对人生的质量提升没有多大的帮助。这些小收获就像是散落在人生里的珍珠，需要用线穿成一串，甚至做成珍珠塔。从散落的珍珠到漂亮的珍珠塔，其实就是一个不断建构的过程，就像是用砖块建成大楼。所以说，教育人生也是需要建设的，需要对那些零零散散的经验，进行设计、组合和优化，增加新内容、充实新知识、创立新结构。由此，我觉得应该把"过好自己的教育人生"，改成"建设好自己的教育人生"。因为"建设"一词更具动力、气魄和精神，也更可以帮助我们建构出精致的教育人生。

建设好自己的教育人生，其中的"建设"是关键。我们靠什么来建设自己的教育人生？有的老师可能会说，当然是靠一步步的教育实践。这样回答一点问题都没有，教育人生是一步步走出来的，谁都不能怀疑这一点。而一步步的行走制造的只是"砖块"或"珍珠"，要想建构起人生的"大厦"或"珍珠塔"，还需要把它们垒起来、穿起来，这个过程应该就是写作。这一点，完全可以从建构主义理论中得到验证。

建构主义是什么？我们可以从《鱼就是鱼》这个故事中了解建构主义的内核。故事大致如下：

有一条鱼，它从小与一只蝌蚪是形影不离的好朋友。蝌蚪长成青蛙之后，便跳到了陆地上。青蛙再次回到池塘时，向鱼描述了陆地上的各种东西：鸟、奶牛、人。鱼根据青蛙的描述，对每一样东西展开了想象，结果每样东西都还是鱼的样子，只是根据青蛙的描述稍微做了调整——人被想象成穿着衣服、会直立行走的鱼，鸟是有翅膀、会飞的鱼，奶牛是长着犄角的鱼……这个故事告诉我们，任何人的能力提升都是以原有经验为基础的，是对原有知识的组合、调整、加工的过程。

其实，专业写作就是教师重新梳理自己原有的知识经验，建构起对新知识的理解，形成新能力的过程。比如说，一个教师在课堂教学中有了一个小的创新，他可以通过写作把这个创新做法描述出来，然后通过查阅资料或借助理论的介入，将经验做法变成系统的经验成果，这样既可以使自己的经验更加完善，也容易将成果物化并传递给他人。如果这位教师不断获得这样的经验成果，慢慢地，他就会建构起自己的理论体系，形成自己的教学思想。这样的写作过程，完全符合建构主义的知识形成理论——在原有经验的基础上，借助新知识对已有知识进行重新组合，从而形成专业能力。

由此，专业写作是教师专业化的需要，是教师从实践型走向研究型的需要，更是教师专业能力自我更新的需要。换句话说，写作是教师专业发展的一条路径，是一种默默无闻、寂寞而艰难的修行，是为了将自己的教育实践进行系统提升，而不是为了立言扬名。可以说，写作在建构人生大厦的过程中就像阿佛收藏阳光、颜色和词语，看起来并不十分必要，实际上却再重要不过。没有写作，教育人生就不能被称为"建设"，而只能是简单的"造砖"，充其量是"养珍珠"的过程。

另外，从人文的角度来说，教育人生也需要写作，需要通过写作把教育中的酸甜苦辣记录下来。人生漫漫，我们走过的每一步留下的可能是财富，也有可能是块垒。写作可以化解块垒，也可以把财富通过缜密的设计与构思，建设成人生的大厦。所以，我很希望每一位教师都走上写作之路，以写作建设好自己的教育人生。

警惕那些看似积极的"假性努力"

扫码听书

在我们的身边总会有这样一些人,他们看起来十分勤奋,也会积极尝试人生的各种可能,却始终不能获得足够令人满意的成长。究其原因,他们大概是陷入了"假性努力"的怪圈之中。

01

读初二的那年,在一个阳光明媚的周末上午,我坐在家门口的草垛上冥想半天之后,忽然有了一个伟大的志向:绝对不能一辈子待在这个小村庄里,我要靠自己的努力成为一个响当当的大人物。虽然连自己将要成为怎样响当当的人物都没来得及想清楚,但我很明白,要想冲出这个小村庄,唯一的路径就是好好学习,考上大学。于是,我跳下草垛,飞奔到屋里,把平时玩耍的刀枪棍棒等影响学习的物件,一股脑塞到破纸箱里。似乎,有一种壮士断腕、与旧时自己划清界限的悲壮。然后,找来一块干净的旧布蒙在破损很严重的"书桌"上,把所有用过的课本整整齐齐码在书桌的一角,另一角则摆上了为数不多的几本课外补习用书。当努力学习的外环境布置妥当之后，我拿出一张漂亮的硬纸片，在上面工工整整地写道：从今天开始……后面就是详细的学习计划，几点起床，几点睡觉，每天比别人多做多少练习题，都罗列得清清楚楚。

第二天早晨我是被闹钟按时叫醒的，那一天我也确实完成了预定计划。但到了第二天，那个成为大人物的宏图大志似乎就被遗忘了，因为每天早起实在是太痛苦了。记忆中，类似的努力曾经在我的生活中多次重演，虽然每次的志向不同，坚持的时间长短不一，但无一例外都是半路夭折。更为可悲的是，在每一次间歇性踌躇满志之后，我都会用更大的虚度来补偿那几天的"劳累"之苦，从而陷入更加颓废的虚度之中。当然，在每一次立志失败之后，我也会陷入不可名状的恐慌，时常因自己的懒惰和不争气而深深自责。但那又有什么用呢？战胜惰性如此之难，平庸的我不得不在一次次努力之后退回到原点。

其实，这就是一种典型的、自发式"假性努力"。一个"假性努力"的人，通常会热衷于编织各种雄心壮志，但坚持起来往往只是"三分钟热度"。在我们身边，类似的努力并不少见。往往是，忽然之间觉得读书很重要，于是便整理书桌、购买名著、制订读书计划，当一切最容易完成的基础性工作完成之后，读书的激情基本上也已消退大半。也可能，在某一个时刻灵光一闪，觉得应该去写作，于是便建博客、开公众号，零零散散写过几篇之后，便觉得写作好无聊，不如在办公室里闲聊痛快。

为什么会有这种"假性努力"？也许是从内心里对自己所处的生活世界不满意，不愿接受自己的平庸，却又缺少强有力的变革性行动，所以只能用这种近乎撒娇的方式，向自己的失败和生活的困顿表示最温和的抗议。也就是说,我们所看到的努力,只不过是一种外在的表演,无能为力才是它的真实本质。

02

刚刚参加工作的那几年,算得上我人生最为灰暗的日子。木讷、寡言、不善交际与沟通,这些与生俱来的瑕疵,不可避免地影响了我的职业生涯。因为"看起来不像当老师的料",学校领导便把我安排到了校办工厂,之后我又被"贬"到最偏远的一所联中。在那段时间里,沉默、颓废、自暴自弃,慢慢成为我的标签。百无聊赖的混日子思维,再也不相信什么的绝望,看不到未来的恐惧,充斥在我的年轻生命里。

大概是第三年的教师节,镇里举行全镇优秀教师表彰大会。自然而然,我被迫坐在台下,充当那种为别人鼓掌的人。在这种会议上,少不了优秀教师的典型发言。第一位发言的是位小学教师,我既不认识以前也从未听说过,自然也就没用心去听。第二位发言的是吕自友老师,他与我同一年被分配到这所学校,一样的起点一样的年龄。他的发言深深刺痛了我,倒不是因为发言的内容,而是因为他作为优秀教师做典型发言这件事。在当时的意识里,面向全镇教师在大会上发言,应该是一种很了不起的荣耀。而刺痛我的原因很简单:同一年参加工作,人家已经成了优秀教师,而我却还在偏僻的远方混吃等死。就在那个会上,我在笔记本上写下了这样一句话:只有被刺痛,才有挣扎的可能。

人其实就是这样,一个与自己毫不相干的人,无论怎样爆发,得到怎样的惊喜,都不会让我们不适或激动。而一旦自己身边的熟悉人，特别是曾经与自己处在同一起跑线上的人，通过自己的努力和坚持获得了成功，就很容易刺激我们产生试图改变现状的想法，甚至会激发奋力奔跑的斗志。吕老师的发言，促使我深刻反省了自己的懒惰，也开始强迫自己不再逃避现实。我决定改变，并拟订了"三年计划"：第一年，争取回到中心校，成为有自己的学生和课堂的老师，站上三尺讲台；第二年，认真学习和借鉴，成为学生和家长认可的老师，站稳三尺讲台；第三年，形成自己的教学特色，成为自己喜欢的老师，站好三尺讲台。

这个"三年计划"看起来有些简陋粗糙，设计的成长目标也拿不到台面上，却实实在在地诱发了我的努力，激发了我成长的动力。虽然时至今日，我也没有机会像吕老师那样在全镇优秀教师表彰大会上做典型发言，但我确实是在这样一个计划的引领下，一步步走出了人生的沼泽地，不仅站上、站稳了三尺讲台，也尽可能地站好了人生的讲台。

现在回想起来，正是吕老师做典型发言这件事，启迪我做出了一些正向的行动，开始了一段真实而又接地气的努力。而恰是这份努力，唤醒一个几近自我沉沦的生命，开始一次又一次积极的努力。

很明显，这样的努力与前面的"假性努力"迥然不同。

03

那么，如何才能去掉人生中的"假性努力"？

第一步，也是最根本的一步，就是放弃虚假的自我认知。人生最大的问题就在于看不清楚自己是谁，容易把自我无限度放大，总觉得自己是为了"大任"而来。很多时候，我们根本无法看到真实的自己，习惯用虚假的自我去构筑虚假的目标，从而为自己筑起宏大而不切实际的梦想。这样的梦想，遥远而不可企及，自然就会诱发努力过程和方式的虚假。早年的我坐在草垛上萌发的梦想，现在想来是多么空洞可笑，应该就是这个原因。而在吕老师发言事件之后，我在真实的对比中看到了自己的懒惰与不足，也为自己找到了一个准确的目标定位，拟定出来的"三年计划"，自然就是跳一跳就可以摘到的桃子。所以说，看清自己的不足，接受自己的不足，是促使努力发生的基础和基石。

第二步，也是最关键的一步，就是放弃装腔作势的努力。很多人看起来很努力，但也只是看起来很努力而已，仔细辨别你就可以发现，那些努力里"装"的成分太重。所有的"装"，往往都是从努力的外围入手，不会触及本质上的东西。以读书为例，最外围、最容易实现的努力便是购书，所以很多人的装腔作势也大都会放在这一环节。鼠标轻点，一大堆各色书籍便进了自己的书房，然后发发朋友圈，告诉大家我要读书了。然后，一时兴起读了几本，慢慢就忘了还有读书这事。而读书最需要的努力——坚持读下去，便成了不可能的事情。于是，读书就成了一种装腔作势，一种姿态，一种摆设。

第三步，也是最重要的一步，就是放弃自我安慰式的假积极。有的人，一生都在积极的行动之中。今天听了一个讲座，感觉写作很重要，于是便开始建博客、开公众号，写不上几篇文章，便又被另一个讲座吸引，开始去学习硬笔书法……就像漫画中的挖井人，每一个接近水源的坑，都没有被更深入地挖成井。爱好的频频更换，带来了应接不暇的忙碌，也带来了看起来很热闹的"假性努力"。更可怕的是，这样的努力会带来一种恶性的自我满足感——看，我做过这么多尝试，足够努力了。然后，就有可能更加心安理得地去享受"假性努力"带来的满足感。

于每个人而言，人生都是第一次，都没有太多的经验。但是，我们可以在行走的过程中进行对比、甄别，选取出那些积极的、有益的行动和努力，作为人生的一种可能，从而去掉那些看似积极的"假性努力"。

一线教师如何走向真正的研究

扫码听书

有一位老师告诉我,他很羡慕那些会搞研究的老师,自己也愿意试着去做一些研究。可是,每当真的静下心来打算去研究一些问题时,却又感觉无从下手,不知道应该怎样去确定需要研究的问题,更不知道研究的具体方法。最后,他问我能不能提供一些切实可行的、一线教师可以做的研究。我在对自己的长期研究行为进行简单回顾后,总结出了以下三种类型的研究:

对成熟的做法进行梳理提炼。在与老师们座谈时,每当提及教学论文写作的话题,总会有老师觉得自己没有这个能力,认为写论文是专家名师的事情。这个时候,我一般会问他们这样一个问题:做了这么多年老师,有没有一个教学细节你觉得做得比较令自己满意?毫无悬念,几乎所有的老师都能列举出自己最拿手的一些做法,然后滔滔不绝地讲述这些做法带来的"巨大成果"。是的,每一个教师在长期的教育生活中都会有一些比较成熟的做法,如果能够把这些做法借助研究进行提炼升华,就可以形成自己的教学成果。

具体来说,这个梳理提炼的过程大致要经历以下三个步骤:一是,我的具体做法是什么?就是把个人比较松散的实践进行归纳,总结成简洁而又有条理、清晰而又具可操作性的"模板",以便让他人通过阅读文字就知道怎样去实践。二是,我的做法有什么样的理论依据?可以这么说,任何成功的经验做法一定能够找到相关的理论支持,从疲于实践到寻找理论支持的过程,也就是一个老师从经验走向理论的过程,这是一个很重要的转折,可以说意味着教师成长方式的转型。三是,在这一理论指导下,我的教育实践可以获得怎样的进一步发展?我们寻找理论依据并不仅是为了证明个人实践的正确性,其更重要的作用是通过理论提升教育实践,让教育实践在理论的指导下变得更加系统、科学和高效。

对失败的教训进行归因修正。有一句话说,失败是成功之母。这句看起来已经有些过时的名言,在教师成长的过程中依然具有效力。人难免会失败,能不能在失败中反扑取决于你面对失败的态度——是"背着牛头不认账""无理辩三分"式的拒不反思,还是心平气和地承认不足,积极对失败进行合理归因,从而找到解决问题的最佳方案?你的选择,从某种意义上决定了你可以在教育道路上走多远,可以在教育事业上取得多大的成绩或成就。

对失败的教训进行归因修正,大致要经历以下三个关键环节:一是对问题的陈述和概括,就是把导致自己失败的问题找出来,进行背景描述和关键环节记录,从而把一个失败的案例完整呈现出来;二是对问题进行归因,找到自己的教育实践与问题后果之间的联系,找出问题背后的原因,为问题的彻底解决确定方向和依据;三是形成较为合理的修正方案或策略。发现问题背后的原因为问题解决提供了可能性,在这之后就要寻求最佳解决方案,进入积极的自我改进状态。可以说,问题解决的过程就是科研的过程,问题解决的方案也就是由失败获得的教育研究成果。由此看来,从"失败"到"成功",中间最需要的就是教育研究。

对存在的困惑及时进行解答。教师在实践中总免不了遇到搞不清楚的问题。这些困惑就像是一把双刃剑，处理得好会成为教师成长的梯子，处理得不好就有可能成为教师专业发展的障碍。比如说，当一个教师遇到一个不容易解决的问题时，如果他能够通过某种方式搞清楚，让问题得以解决，那么他收获的不仅是处理此类问题的方法，还有积极进取的激情和信心。相反地，若这个问题得不到解决，他就会焦虑不安失去内心的平衡，致使问题更加无法解决，随着积压的困惑越来越多，他就有可能慢慢走向倦怠和颓废。所以，及时化解教育生活中的困惑是教师走向专业成长的重要路径。

教育困惑的解答，需要教师具备一定的研究意识和研究能力。首先要做的就是对困惑进行复述，这既是对困惑进行理性思考的过程，也是重新确认困惑的过程。对一个教师来说，能够清晰而又准确地表达自己的困惑，本身就是解答困惑的良好开端。其次就是能够充分解释困惑。困惑之所以成为困惑，就是因为当事者不能用自己的已有认知和实践来解释当下的问题，这就要求教师必须换一个路径来探寻原因。也就是说，教师不能仅凭自己的教育教学经验来解释问题，还要借助教育原理和科学数据等来分析问题，从而获得比较理性的、科学的解释。最后就是要找到解决困惑的路径，这就需要借助科研的力量，通过多种科研方法和路径开展综合研究，从而获得较为理想的研究成果。

事实上，教育研究本就不需要故作深沉，一线教师做研究更需要接地气。基于自己的实践、经验、教训和困惑，开展有效的微研究、小研究、真研究，在具体的研究过程中因喜欢而全身心投入，因豁然开朗而获得能力和动力，这才是教师走上研究之路的最佳形态，也是必由之路。

普通教师成长的一般性路线

扫码听书

我工作了二十五年,做了十八年的一线教师,最近七年的专职教育研究。当我开始以"局外人"的视角,重新梳理和思考自己的一线工作经历时,也就厘清了教师专业成长的一些必要阶段,以及这些阶段的关键词。

第一个阶段,比较。刚刚做教师的时候,为了找到做教师的方法,我喜欢去回忆教过自己的那些老师,一遍遍地复述和对比他们的教育智慧,把那些我感觉比较有效果的"招数"在班里进行尝试。几番尝试摸索,几番甄别选择,那些老师的"影子"组合起来就成了我的主要教学策略。慢慢地,我发现自己的教育理念不仅很落后,还带有一些不合时宜的认知,导致课堂教学低效与混乱。经过彻底反思之后,我开始意识到自己犯了刻舟求剑式的错误——学生变了,我的方法没变,希望与现实自然也就越离越远。于是,我开始把视角转向身边的同事,希望从他们身上汲取到自己需要的营养。很快,我就把优秀同事进行了一番筛选,从中找到了我最认可、最欣赏的吴老师作为自己的标杆。我决定学习吴老师,要成为吴老师那样的老师。

第二个阶段,复制。在确定自己的学习榜样之后,我开始有意识地观察吴老师的一举一动。我把课程表做了一些调整，把自己的课有意识地与吴老师的课错开，以便自己可以听到他更多的课，系统学习他的课堂教学艺术。因为我和吴老师在一个办公室办公，除学科教学以外，我还有机会学习到他的其他经验，比如与家长沟通的技巧。每每有学生家长来访，我都会认真聆听吴老师与学生家长的交流内容，默默记下他的谈话技巧与艺术。甚至于，他们班的座位安排、值日方式、班级物品布置等也会成为我们班的参照。吴老师是一个很大气的人，对我这样的新手教师和班主任丝毫没有"留一手"的意识，总是尽可能地把他的教学经验与班级管理技巧充分共享给我，还经常跟我聊他自己的教育心得。就这样，我开始全面复制他的课堂教学和班级管理，亦步亦趋地走上了教育实践的道路。这一时期的模仿，让我的教学能力和班级管理水平大大提高，个人教育实践开始走上全面提升的正途。

  第三个阶段，改进。在个人教育能力足够支撑起教育需要后，我开始注重对吴老师经验的"本班化移植"，而不再是简单的复制粘贴。首先做的便是对课堂教学的改进性迁移，以符合自己班级学生的接受能力。其次是对班级管理的具体化，以满足自己班级建设的需要。当时，吴老师的班是全年级二十多个班中最优秀的，而我接手的那个班却是有名的"破烂班"，所以他的一些做法在我们班里无法复制。于是，我开始对他的做法进行"本土化改造"，把一些不符合我们班班情的方法进行改良。就这样，在吴老师的基本策略框架之下，我对班级管理进行了颇为频繁的修订，直至形成了一套适合自己班的班级管理制度，并有了一些改进和提升。可以说，这个阶段持续的时间最长，在我的班主任生涯中属于积淀期。因为有吴老师的做法可以借鉴，再加上自己爱琢磨，我的班级管理达到了"炉火纯青"的地步，我也逐渐成为家长信赖、领导认可的"优秀"班主任。

　　第四个阶段，创新。这一点，我想以班级管理为例。从吴老师那里，我学到的最重要的班级管理策略就是"量化管理"，简单来说就是用分数量化学生的行为规范和道德品质。简单易操作，并能够有效地控制学生的行为，因而量化管理一度成为我控制学生、掌控班级的重要手段，直到有一天，我最信赖、最喜欢的一位值周班长被班里的一群"坏学生"以"锄奸"为名暴打一顿，而其他同学却把打人者视为"民族英雄"。此事让我陷入了深思，在我的严密掌控之下，我的班级管理到底缺少了什么。在与其他同学充分沟通之后，我猛然间意识到，教育里不能全是控制和生硬的分数，还应该有温暖和善意。从那以后，我开始把故事引入常规教育，开始了故事与教育的融合研究。在这一阶段，规范的教育科学研究逐渐成为我的生活常态，先后通过三个省级规划课题实现了从叙事班会（用故事设计班会课）、叙事德育（以故事为元素改造德育）到叙事教育（探索故事与教育融合的新理念）的上升式研究，逐渐形成了自己的教育理念——叙事教育。

　　从比较与复制，到改进和创新，大致概括了我个人成长的四个主要阶段。其中，比较是摸索、是寻找，是为自己的职业生涯安放垫脚石；复制是模仿、是借鉴，是为自己的成长树立标杆；改进是内化、是改良，是把他人经验本土化的过程；创新是再造、是发展，是理念形成和推广的关键。从实际情况来看，大多数人会停留在第二或第三阶段，极少有人能够达到第四阶段。而第四阶段却恰恰是教师专业成长最重要、最关键的一环。

　　我是一个普通教师，成长经历并不典型，但这四个关键词所标注出的成长路线却带有一定的普遍性，也许可以给年轻教师们一点启示。

后 记

一周前,书稿的主体部分顺利完成,也写好了自序。为了尽量减轻编辑老师的工作量,我又把书稿发到朋友的微信上,请他再次帮忙校对。朋友应允后,我打算到外面走走,享受一下三月末的春天。

因为疫情尚在,进出小区都要刷身份证,我不太想麻烦天天守在小区门口的社区防疫人员,便溜达着去了楼前的绿化带。我所在的小区楼与楼之间的绿化带比较宽,只是物业管理不是很严格,本该植树栽花的地方,被很多邻居开垦成了小菜园。养花有养花的景,种菜也有种菜的美,一行行缩小版的菜畦虽不规则倒也干净。

因为前几天刚刚下过雨,这几天的太阳又很灿烂,加上春风的劲吹,本就贫瘠的菜地起了板结,形成大小不一的板结块。从一边望去,竟然有些破败之美,很像干涸已久的湖底。不远处的一片板结块似乎与其他的不同,像被什么东西顶偏了"身子",在一片匍匐着的板结块中很是惹眼。走近了看,在板结块的下面有一簇嫩芽,鹅黄中掺杂着一丝浅绿,三四根娇娇弱弱的野草芽体将板结块从一侧顶了起来。

这片板结块,大小如婴儿手掌,厚度超过两枚硬币,叠加在一起,在纤细的嫩芽面前,不亚于一块厚重的水泥板。可以想象,在这簇嫩芽还是种子时，它一定是被板结块结结实实地平压在泥土里。它一点点地发芽、一点点地长大，在黑暗中默默发力。然后，它遇到了板结块的打压，身体弯了，有过退缩迂回，但一直在努力。慢慢地，它撼动了板结块，看到了一丝亮光。有了光的鼓励，它的生长开始加速，身体开始有了绿意，板结块开始倾斜。

我想帮它把板结块拿走，让它的身体能够彻底地沐浴阳光。想了想又忍住了，不知道突然的阳光带给它的到底是福还是祸。我想看看一个生命到底可以如何顽强，更重要的是，我始终相信，每一种生命的成长最需要依靠的应该是自己。

这个周末，朋友的终校稿发回来了。我把朋友标记的几处问题进行了修正，终于完成了书稿的全部工作。泡了一杯茶，听了一会儿音乐，忽然想起了楼下的那一簇草芽，真不知道它现在是怎样的一种存在状态。冲下楼，来到菜畦前，我惊呆了——那一片板结块完全翻倒在一边，一大簇鲜绿的小草在阳光下怒放。小草，竟然顶翻了压在它身上的板结块。

原来，人生中还有一种努力叫"顶翻它"。回想整整二十五年的教育生涯，已经数不清遇到过多少坎坎坷坷，也记不清曾经多少次被轻视、被为难、被打压，幸好我都以自己的方式将它们顶翻在地。其实，人生在世总会遇到压在身上的板结块，如果不去挣扎、不去抗争，就有可能毁灭；如果能像小草一样倔强地顶翻它，迎来的必定是人生的春光。

我重新打开书稿，决定再加一篇"后记"，也就是您刚刚读到的这些文字。我想告诉年轻的和不再年轻的老师们，在成为更好的老师的道路上，我们必须有勇气顶翻一切惰性、虚荣和功利，以及不利于成长的所有。

王维审
2020 年 3 月 20 日

读者说：在文字中遇见更好的自己

这个假期，最好的礼物是王维审老师的《成为更好的老师》。倚在沙发上，打开书，浸在文字中。

01

读《成为更好的老师》，仿佛一位卓越的导师在跟你聊天，越聊越明朗。

写教育故事，遇到了瓶颈期，总感觉写出来的文字力量单薄，知道原因在于揭示故事的道理时思考不深入，表达不能入木三分。怎么做，才能把故事的意义最大限度地表达出来？在《别被浅层次的努力耽搁》中，王老师与雪梅教师读写团队教师交流时，正好聊到了这个问题。王老师说，要让反思深入下去，应该用一种办法来逼自己一把，这个办法就是追问，把反思的视角指向自我。比如，问一问自己：我这样做对吗？达到理想的目标了吗？还有没有更好的办法呢？如此，自己的思维就能彻底打开。

坚持写作有两年了，第一年，进步很大。今年，总感觉自己文章的质量提升缓慢，怎么做才会有更大的收获呢？在《从写作者走向成功者》中，王老师谈到了这个话题，他指出了主要原因——行动策略上不善改变。写作，不是坚持写就可以写好。要想有更大的收获，不仅要坚持写，把写作当作成长的目标和动力，还要智慧地写，不断揣摩写作的要领和技巧，不断修正和提升自己的表达能力。如此，写作者才有可能成为成功者。

一本随笔集类的书，抓住书中能够概括整本书的核心观点去讨论，这样写出来的读后感更有意义，但是写起来难度很大。该怎么做呢？王老师以他写《做有温度的教育》读后感为例，展开了叙述。《做有温度的教育》是方华老师的随笔集，王老师先是认真地把整本书读了一遍，梳理出一些核心观点。比如：以良好的校风改变家风，改变民风；到底应该做"十八岁的教育"还是做"八十岁的教育"；教育是培养人而非培养人才的；等等。然后细细品味，思考这些核心观点背后隐藏的思想，最后得出自己的观点——我们应该让教育拥有更高位的理想，从而写出高质量的读后感《让教育拥有更高位的理想》。

02

读《成为更好的老师》，好像一位武林高手为你输入内力，安静、平和却又绵绵不断。

在《那些咬着牙坚持下来的努力》中，王老师讲到了自己曾经的经历，担任班主任，任教数学课，同时协助教务主任做一些具体事务。起初，他非常排斥，但是后来调整了心态：检查班级纪律和卫生，可以发现其他班主任的管理绝活，在对照与修正中完善自己的班级管理；整理材料报表，锤炼自己细致耐心的工作态度……心态变了，一切都变了。他坦然说，自己现在的成绩，大都源于那段时间的劳累和付出。

在《你曾经把一件事坚持过多久》中，王老师讲到了二十年前他和十几位同事一起写教育故事的经历。半年下来，好几个同事走在了他的前面；一年后，还在坚持的仅剩下两三个人；两年后，仍在坚持的只有他自己了；现在，他坚持了整整二十年，仍在继续。

在《每一段平静而安详的努力》中，他聊到了自己的写作历程。2013年以前，在学校工作，坚守在课堂与班级，每天晚上，坚持写一篇教育叙事，七百多万字的教育叙事就是在寂静的夜里一字一句斟酌出来的。2013年，调入教体局，进入了教育科学研究与学术论文撰写阶段，从2013年至今，他为自己定下每天写"两千字"的规矩，从不破例，个中艰辛唯己自知。

恒久的坚持，让他活成了自己喜欢的样子，成为更好的自己。

03

读王老师的文章，对我而言，更重要的是探寻教育随笔写作的密码。

跟着大师做教育。王老师爱读书，大师们的某个观点，触发他的思考，记录下来，就是文章。《我们需要的"每天四问"》，开篇直接亮出了陶行知的"每天四问"：第一问，我的身体有没有进步？第二问，我的学问有没有进步？第三问，我的工作有没有进步？第四问，我的道德有没有进步？接下来，王老师展开四问，谈了自己的理解。

最后，王老师总结了要做到陶先生的四问，每天应该付出的几点行动。

休闲阅读也思考。王老师经常浏览大家的博文，将相关内容对比后进行思考。《情怀是一种无须隐忍的前行》，他比较了两位老师的文章，一位老师以作息表的形式记录了《我的一天》，从早晨6点到下午5：30放学的每时每刻，都是日常琐碎的工作。另一位老师用《这一年，我们自然生长》叙述了自己一年中的行走、努力和坚持，和孩子们晨诵、午读，和老师们共读，自己自由阅读，夜晚不写不寝。两位老师，都是忙得喘不过气来，一位记录辛苦和劳累，一位记录收获和欣喜。两相对比，结论自然而出——情怀，可以让我们从碌碌无为到有所追寻。

在王老师的眼里，一切皆是素材，一切皆是教育。老师们的咨询，参加活动的感触，一簇顶翻板结块的小草，一次平常的问路……他都将所思所悟，写成文字。概括起来，这些教育随笔的大体思路是：触发点＋展开论述＋总结。论述时大多夹叙夹议，有故事，有观点；触发点或者总结中，总是有意味深长、耐人寻味的句子。

感谢王老师，让我透过文字看到了美好的他，也让我更坚定自己的目标——在文字中遇见更好的自己。

（河北省保定市清苑区实验小学　曹红格）

教育发现

教育发现